Princípios informativos das
OBRIGAÇÕES CONTRATUAIS CIVIS

E39p Elesbão, Elsita Collor
      Princípios informativos das obrigações contratuais civis / Elsita Collor Elesbão. — Porto Alegre: Livraria do Advogado, 2000.
      183p.; 14x21cm.

      ISBN 85-7348-144-7

      1. Direito das obrigações. 2. Contrato. I. Título.

                    CDU 347.4
                        347.44

      Índices para catálogo sistemático:

      Direito das obrigações
      Contrato

      (Bibliotecária responsável: Marta Roberto, CRB-10/652)

ELSITA COLLOR ELESBÃO

Princípios informativos das OBRIGAÇÕES CONTRATUAIS CIVIS

Porto Alegre 2000

© Elsita Collor Elesbão, 2000

Capa, projeto gráfico e diagramação de
Livraria do Advogado Editora

Revisão:
Rosane Marques Borba

Direitos desta edição reservados por
Livraria do Advogado Ltda.
Rua Riachuelo, 1338
90010-273 Porto Alegre RS
Telefax: 0800-51-7522
E-mail: info@doadvogado.com.br
Internet: www.doadvogado.com.br

Impresso no Brasil / Printed in Brazil

Ao Professor Dr. Ruy Ruben Ruschel,
mestre e amigo, meu reconhecido
agradecimento pela
segura orientação.
(*in memorian*)

Prefácio

Por uma direção principiológica do trânsito jurídico

A professora Elsita Collor Elesbão, da Pontifícia Universidade Católica do Rio Grande do Sul, através de sua pesquisa sobre "Princípios Informativos das Obrigações Contratuais Civis", vem apresentar relevante contribuição ao Direito Civil brasileiro contemporâneo.

De um lado, confirma a seriedade, o esmero e o refinamento intelectual da produção científica que deve emergir dos Programas de Pós-Graduação em Direito no País, bem ilustrados pelo destacado Mestrado em Direito da PUC/RS, numa harmoniosa integração de seu exemplar corpo docente e do qualificado corpo discente. De outra parte, traz ao porto das inquietações, sob novo prisma, carregamento de princípios aptos a governar a travessia que se iniciou na crise do sistema tradicional e que aporta no Direito Civil do próximo século, especialmente no universo das obrigações contratuais civis.

Fiel ao contexto histórico de sua análise e aos clássicos merecedores de inafastável atenção, captou de *Pontes de Miranda* a lição segundo a qual o direito de um povo deve-se situar no tempo e no espaço.[1] Ainda mais, manteve-se rente à idéia de *Enzo Roppo*, bem enfatizada em importante estudo recente[2], em face da qual "os insti-

---

[1] Na página 1 da Introdução da obra "Fontes e Evolução do Direito Civil brasileiro", 2.ed. Rio de Janeiro: Forense, 1981.

[2] Exame do Professor Sérgio Selene, publicado em trabalho sob o título "Contrato e Empresa: notas mínimas a partir da obra de Enzo

tutos jurídicos só podem ser compreendidos no que se refere à estrutura e função, à sua disciplina, na medida de seu posicionamento em circunstâncias sócio-econômicas de tempo e lugar".

Daí por que acedi honrado ao convite para prefaciar o elogiável resultado de investigação científica levado a efeito pela ilustre Autora. Ao vir a lume, o trabalho destaca, desde os primórdios, no convívio humano, as expressões da racionalidade e da liberdade, binômio que funda a existência de direitos e obrigações na ordem civil. Em vários planos se projetam, então, as relações na ordem jurídica sob o pálio de obrigações.

Partindo de tais premissas, a análise da Autora, na primeira parte, ressalta os elementos informativos das relações jurídicas, nomeadamente poderes e deveres, aos quais se agrega, na relação jurídica obrigacional, o direito subjetivo e o dever de prestar. Bem vislumbrou, aí, o sentido das fontes das obrigações empregado por *Martínez Alfaro*[3] na estrutura e no efeito do sistema econômico que assenta, fundamentalmente, na base das obrigações do Direito Privado, sem embargo da forte tendência de publicização[4.]

Alavancado esse ponto de partida, o estudo migra para o conceito de obrigação em um sentido técnico, cha-

---

Roppo", inserido no livro "Repensando fundamentos do Direito Civil brasileiro contemporâneo", Rio de Janeiro: Ed. Renovar, 1998, p. 258.

[3] À página 13 da obra "Teoría de las Obligaciones", de Joaquín Martínez Alfaro, Cidade do México: Editorial Porrúa, 1993.

[4] A propósito, já assinalara Orlando Gomes: "O propósito de dar ao equilíbrio social sentido mais humano e moralizador conduziu a política legislativa para vigorosa limitação da autonomia privada. Dimanam as restrições, mais enérgica e ostensivamente, da direção estatal da economia, que se tornou corrente até nos países mais apegados ao liberalismo", à página 6 da obra "Transformações gerais do Direito das Obrigações", 2.ed, São Paulo: Ed. Revista dos Tribunais, 1980.

mando à colação noções essenciais, a exemplo de *dever jurídico, sujeição obrigacional, ônus jurídico, credor devedor e objeto*.

Já na segunda parte, o estudo traz à cena o núcleo de suas preocupações, vale dizer, os princípios, nele elevados à categoria de juízos fundamentais ordenados em um sistema de conceitos.

Capta, pois, a lição de *Pietro Perlingieri*, segundo o qual a relevância dos princípios está em que, de um lado, "a pessoa prevalece sobre qualquer valor patrimonial", e, de outro, "o Direito não é redutível à linguagem econômica".[5] Nessa perspectiva, enfeixa os princípios norteadores das relações obrigacionais, mencionando, no pórtico, o da equivalência, ao lado dos princípios da autonomia privada, do consensualismo entre as partes, da relatividade dos efeitos, da obrigatoriedade das convenções e da boa-fé.

Iluminado por tal direção principiológica, o exame prossegue de modo elogiável na explicitação de todos os desdobramentos propostos ao trânsito jurídico no Direito das Obrigações, desde a autonomia da vontade até o patamar destacado reservado à boa-fé, focalizada, ali, não apenas como supressora de nulidade, integradora de incapacidade e saneadora de vícios, mas também como critério de moralidade, como dever de agir com lealdade na celebração dos negócios jurídicos e de cumprir lealmente nas obrigações, e, ainda, nas palavras da Professora Elsita, como princípio interpretativo da norma jurídica e da vontade das partes.

Realizado tal percurso, depreende-se que, de forma legítima, a análise efetivada pode concluir sobre a relevância histórica do conceito de obrigação e de contrato, ligada à concreção da justiça social e da liberdade da

---

[5] Lições captadas das páginas 33 e 64 dos "Perfis do Direito Civil, introdução ao Direito Civil Constitucional", Rio de Janeiro: Renovar, 1997, na tradução da Professora Maria Cristina De Cicco.

pessoa. Teoria e prática se mostram, pois, unidas e harmônicas na obra que remarca a importância do Direito como instrumento emancipatório da transformação social.

Vê-se bem, sem favor, o relevante sentido e o notório alcance das reflexões articuladas na pesquisa ora submetida ao conhecimento e ao crivo da comunidade jurídica brasileira. Trata-se de uma contribuição que merece acolhimento e aplauso.

Prof. Dr. Luiz Edson Fachin
Professor de Direito Civil da UFPR

Sumário

Introdução 13

Primeira Parte - A textura do fenômeno jurídico-obrigacional
1. A OBRIGAÇÃO JURÍDICA 21
   1.1. A relação jurídica 21
   1.2. Relação jurídico-obrigacional 24
   1.3. Direito das obrigações 26
   1.4. Importância das relações obrigacionais 28
2. A OBRIGAÇÃO JURÍDICO-CONTRATUAL 29
   2.1. Obrigação no sentido técnico-jurídico 29
   2.2. Desenvolvimento histórico das obrigações .. 33
   2.3. Fonte das obrigações 40
   2.4. Estrutura das obrigações 45
      2.4.1. Noções vinculativas 46
         2.4.1.1. O dever jurídico 46
         2.4.1.2. A sujeição obrigacional 49
         2.4.1.3. O ônus jurídico 50
      2.4.2. Posicionamentos doutrinários 52
   2.5. Elementos constitutivos da obrigação 52
      2.5.1. Sujeitos 53
         2.5.1.1. O credor 55
         2.5.1.2. O devedor 56
         2.5.1.3. A alteração dos sujeitos na persistência da obrigação . 57
      2.5.2. Objeto 58
         2.5.2.1. A Prestação Debitória 59
         2.5.2.2. Requisitos da Prestação 60
      2.5.3. O vínculo jurídico-obrigacional 66

Segunda Parte - Os princípios básicos das relações jurídico-obrigacionais

3. NOÇÕES FUNDAMENTAIS DE PRINCÍPIO 73
   3.1. Considerações preliminares 73
   3.2. Definição de princípio 74
   3.3. Interação entre princípios e normas 78
   3.4. Princípios norteadores das relações obrigacionais 83
   3.5. Fixação de princípios básicos 87

4. CARACTERIZAÇÃO DOS PRINCÍPIOS BÁSICOS 93
   4.1. Princípio da autonomia privada 93
      4.1.1. Parâmetro entre autonomia e heteronomia 95
      4.1.2. Noção de autonomia privada 98
      4.1.3. Fonte geradora de relações jurídicas 105
      4.1.4. Limites da autonomia privada 111
         4.1.4.1. As regras jurídicas de natureza cogente 112
         4.1.4.2 As normas de ordem pública 114
         4.1.4.3 A moral e os bons costumes 116
         4.1.4.4. Pressupostos de existência e validade 121
         4.1.4.5. A licitude das relações obrigacionais 125
      4.1.5. Âmbito de atuação da autonomia da vontade 129
      4.1.6. A interpretação da vontade adotada pelo CCB 131
   4.2. Princípio do consensualismo 136
      4.2.1 Conceituação 136
      4.2.2. Fundamentação 140
   4.3. Princípio da relatividade dos efeitos 142
      4.3.1. Conceituação 142
      4.3.2. Fundamentação 148
   4.4. Princípio da obrigatoriedade das convenções 149
      4.4.1. Conceituação 150
      4.4.2. Fundamentação 154
   4.5. Princípio da boa-fé 155
      4.5.1. Conceituação 156
      4.5.2. Fundamentação 165

Conclusão 171

Bibliografia 177

Introdução

O homem, diria Armando Câmara,[1] nasce em uma ordem cósmica que seus olhos contemplam, num espetáculo. Nela, por vocação, ele se insere. Essa ordem é natural e universal e dela nenhum ser da terra foge. Ordem sem liberdade, causal, segundo as forças cósmicas e dos instintos. Mas o homem a transcende, pois não lhe basta uma ordem apenas biológica. Reclama e vivência uma outra ordem - ética e psicológica.

Somando-se o natural da ordem cósmica com a liberdade e a vontade da ordem ética, características do ser humano, temos o homem que não renuncia à natureza, mas é livre perante ela, na caminhada em busca de seu fim. À ordem causal, sobrepõe-se, portanto, para o homem uma ordem finalística.

O convívio humano, que se originou casualmente, foi estruturado em função dos fins, racionalmente descobertos.

A ordem que o homem realiza corresponde à sua natureza de racionalidade e liberdade. Transmuta-se uma lei de causa em uma lei de fim - ética e jurídica.

Dentro de uma ordem universal, o homem constrói a ordem humana. Nela a inter-relação dos indivíduos é tão original quanto o próprio homem. Diversa da ordem física, da ordem mecânica, da ordem instintiva, devido à presença de liberdade e pensamento.

---

[1] CÂMARA, Armando. *Reflexão sobre a definição do valor*. São Leopoldo: Revista Estudos Jurídicos, 1972, v. II, n. 4, p. 12.

Quando os homens vivem em comum num grupo, surge em sua consciência a idéia de que uma determinada conduta é justa ou boa, e uma outra é injusta ou má, ou seja, os membros do grupo, sob determinadas condições, devem-se conduzir por determina maneira, e em um sentido objetivo. Um indivíduo singular, que em um caso concreto deseje uma conduta oposta à determinada e de fato se conduza de acordo com o seu desejo, tem consciência de não se ter conduzido como deveria. Esta consciência mostra que, na conduta dos homens que vivem em sociedade, existe a representação de normas que a regulam e vinculam a conduta dos indivíduos em geral.

O direito, em essência, tem a sua razão de ser em função do homem e para o homem, *jus est homini et ad hominem*, sem distinção de sexo, cor ou nacionalidade. Na lei, como na vida, a pessoa é dotada de existência autônoma, capaz de direitos e obrigações na ordem civil. Este é um dos princípios fundamentais de todo o sistema jurídico, cuja proteção alcança não somente a pessoa natural na sua realidade concreta, como também, a pessoa jurídica, no que concerne a seus interesses.

À operosidade de determinado ordenamento jurídico, qualquer que seja, faz-se imprescindível não somente a existência de normas tecnicamente bem-elaboradas como, principalmente, sua aplicação mediante a persecução dos princípios ditados pela hermenêutica jurídica. Desses dependem a dinâmica, a plena efetividade do direito e, também, a segurança e a certeza na aplicação das leis. Somente nesse patamar produzir-se-ão as resultantes de maior ou menor regulação das atividades dos indivíduos e a conseqüente pacificação social, cumprindo, assim, o Direito com uma de suas finalidades como ciência social que é.

Nas relações em sociedade, o homem vale-se dos semelhantes para a consecução de seus objetivos, assumindo compromissos a que se submete, pessoalmente ou patrimonialmente, a fim de satisfazer as suas necessidades em vários planos.

As relações de caráter pessoal entre os agentes da vida civil, desdobradas em ações de dar, fazer ou não fazer alguma coisa, que tenham reflexos econômicos em proveito de outrem, compõem o contexto do Direito.

Ora, essas relações jurídicas chamam-se *obrigações*, podendo ser conceituadas como vínculos jurídicos. Por meio delas uma pessoa é compelida a realizar, a favor de outra, determinada prestação, a que se comprometeu voluntariamente ou em decorrência do próprio ordenamento jurídico.

A moderna concepção do contrato - como acordo de vontades por meio do qual as pessoas formam um vínculo jurídico a que se prendem - se esclarece à luz da ideologia individualista dominante na época de sua cristalização e do processo econômico de consolidação do regime capitalista de produção.

A suposição de que a igualdade formal dos indivíduos asseguraria o equilíbrio entre os contratantes, independentemente de sua condição social, foi desacreditada na realidade de vida. O desequilíbrio tornou-se patente, de modo particular, no contrato de trabalho, gerando insatisfação e provocando exigência de diferenciado tratamento legal, levando em consideração a desigualdade das partes. A interferência do Estado na vida econômica implicou, por sua vez, a limitação legal da liberdade de contratar e o encolhimento da esfera de autonomia privada, passando a sofrer crescentes cortes, sobretudo em relação à liberdade de determinar o conteúdo da relação contratual.

Tais modificações repercutiram no regime legal e, por conseqüência, na interpretação dos contratos.

O contrato exerce uma função social e apresenta como conteúdo constante o fato de ser o centro da vida dos negócios. Por ser o instrumento prático que realiza o mister de harmonizar interesses não-coincidentes, a sua formulação obedece a princípios básicos que constituem o alicerce de toda a teoria contratual. À teoria geral das obrigações, todavia, interessam sobretudo os efeitos do contrato como fonte de relações creditórias.

Por essas razões, sucintamente expostas, o presente trabalho tem por finalidade salientar aspectos dinâmicos que o conceito de obrigação revela, examinando a relação obrigacional como fenômeno que se encadeia e se desdobra, a partir dos princípios que informam a área específica do direito contratual.

O tema foi dividido em duas partes: na primeira, são tratadas as noções básicas sobre relação jurídico-obrigacional, a obrigação contratual, sua estrutura e a intensidade do *vinculum obligationis*, e seus elementos constitutivos; na segunda, a relação obrigacional é analisada sob o império dos princípios que a disciplinam, buscando distingui-los na relação social e na jurídica, no sentido do encadeamento dos atos que tendem ao adimplemento do dever.

Tem-se, assim, uma visão global da obrigação como relação jurídica intersubjetiva, compreensiva tanto do débito imposto ao devedor quanto do crédito atribuído ao credor, ambos coordenados em função de um objeto também específico, que se denomina prestação.

O desenvolvimento da relação obrigacional, na busca do adimplemento que é o seu desfecho natural, está condicionado por certos princípios gerais, ou específicos a cada tipo de obrigação, ou comuns a alguns deles.

Pode-se constatar que a doutrina, com algumas divergências sobre o grau de importância a respeito de uns em relação a outros, inclui, dentre os princípios gerais, os da autonomia privada, supremacia da ordem pública e dos bons costumes, consentimento, relatividade de seus efeitos nas relações contratuais, obrigatoriedade e o concernente à boa-fé.

Vale salientar que dentre eles foi dado destaque ao princípio da autonomia privada, já que os demais, por expressarem também manifestações de vontade, já se encontram inseridos no próprio contexto da autonomia. O que tem variado, de acordo com as tendências de cada povo e as necessidades de cada época, é a sua intensidade.

Nessa análise, evidencia-se que, sobre a faculdade dispositiva das partes, existe o ordenamento jurídico, o qual, através da incidência da norma, confere efeitos aos atos dos particulares. Os atos praticados pelo devedor, bem como os realizados pelo credor, repercutem no mundo jurídico, nele ingressam, são dispostos e classificados segundo uma ordem normativa, atendendo, evidentemente, aos princípios elaborados pela teoria do direito obrigacional.

Primeira Parte

A TEXTURA DO FENÔMENO JURÍDICO-OBRIGACIONAL

1. A obrigação jurídica

1.1. A RELAÇÃO JURÍDICA

Da sociedade, como objeto de uma ciência social normativa, gera-se uma ordem normativa da conduta dos homens uns face aos outros. Os homens pertencem a uma sociedade na medida em que sua conduta é regulada por tal ordem, ou seja, é prescrita, autorizada ou positivamente permitida por essa ordem. A pedra angular que suporta e orienta a aplicação das normas jurídicas repousa na linha de conduta traçada para a interpretação dessa respectiva ordem.

O convívio social é repleto de deveres: do cidadão para com sua Pátria, no exercício da cidadania; do indivíduo, em sentido amplo, para com o seu grupo social, seja no âmbito familiar - uns em relação aos outros -, seja na vida civil, no titular de um direito em relação a outro titular.

O Direito transforma as relações de vida em relações jurídicas, e é por isso que surgem relações humanas dotadas de uma eficácia jurídica que implica, de um lado, um poder e, do outro, um dever. Nelas figuram dois elementos importantes: a matéria e a forma. O primeiro - a matéria - consiste no próprio conteúdo das relações humanas subordinadas à ordem jurídica; o segundo - a forma - consiste na regra jurídica que lhes outorga uma determinada eficácia, um valor vinculante.

Assim, a relação jurídica tem como pressuposto um fato que adquire significação jurídica, se a norma o tem como idôneo à produção de determinados efeitos, estatuídos ou tutelados. Nela, inclui-se todo evento, acontecimento natural ou ação humana que, dada sua relevância social, se converte em fato jurídico, quando em condições de exercer essa função.

No campo da Teoria Geral do Direito, a relação jurídica constitui categoria básica para a aplicação do fenômeno jurídico, juntamente com a norma jurídica e o ato de instituir, categorias complementares. Ao incorporar significação jurídica, o fato origina uma relação concreta e típica entre sujeitos determinados ou determináveis.

Na sua forma concreta, a relação jurídica envolve dois fenômenos correlativos e intercedentes: o poder e o dever; o direito subjetivo, de um lado, e a vinculação ideal, de outro. Em síntese: enquanto o direito subjetivo representa uma relação de poder vinculante, a relação jurídica, na definição de Ferrara,[2] é a relação completa e total, intercorrente entre duas ou mais pessoas, aparelhada de conseqüências jurídicas suscetíveis de serem não só direitos subjetivos atuais, como ainda, possibilidade de os produzir no futuro ou, finalmente, de surtirem efeitos de outra ordem.

Para esta concepção personalista, clássica, amplamente dominante, a relação jurídica é o vínculo interpessoal, subjetivo, contendo poderes e deveres. Resulta da incidência da norma jurídica sobre as relações relevantes que se transformam, por isso mesmo, em relações pessoais qualificadas pela norma jurídica, vale dizer, vínculos normativos, nexos entre sujeitos de direito.

É Savigny[3] quem mais claramente enuncia tal teoria ao escrever que toda relação jurídica aparece como

---

[2] FERRARA, Francesco. *Trattato di diritto civile italiano*. Parte I: doutrine generali. Roma: Athenaeum Ed., 1921, v.I, p. 317.

[3] SAVIGNY, Friedrich Karl Von. *Sistema del derecho romano actual*. 2 ed. Madrid: Centro Editorial de Góngora, 1839. T. Primero, p. 258.

vínculo de pessoa-a-pessoa (elemento material), determinado por uma regra de direito (elemento formal), conferindo a cada indivíduo um domínio no qual sua vontade reina independente de qualquer outra vontade externa.

Para o Direito Civil, a relação jurídica traduz, assim, a regulamentação jurídica (aspecto formal) do comportamento dos indivíduos (aspecto material) no seu dia-a-dia, na disciplina de seus interesses, estabelecendo situações ativas (poderes) e situações passivas (deveres). É conceito básico que exprime poderes e pretensões, bem como, deveres e exceções decorrentes da autonomia e da iniciativa individual, assim como, da responsabilidade dos respectivos sujeitos da relação.

O Código Civil Brasileiro adota a relação jurídica como base de seu sistema, pois, conforme o disposto no art. 1º, *"regula os direitos e obrigações de ordem privada concernentes às pessoas, aos bens e às suas relações"*.

A relação jurídica representa, assim, o ordenamento dos casos da vida real, pelo que se justifica a visão doutrinária do sistema jurídico como um sistema de relações. Sua eficácia, a princípio, ocorre somente entre as partes. Pode verificar-se, todavia, uma eficácia reflexa, afetando terceiros dela não integrantes, como se verifica no Código Civil, por exemplo, em caso de extinção de uma relação acessória de garantia - como a fiança quando extinta a relação principal - (art. 1.503); em caso de contrato em favor de terceiro (art. 1.098, parágrafo único); ou em caso de seguro de vida (art. 1.471); ou, ainda, em casos de sucessão legal *inter vivos* (art. 985).

A idéia-chave da teoria relacional é, portanto, a autonomia da vontade, com a qual os sujeitos podem criar e modificar relações jurídicas, no exercício da tutela de seus interesses e da composição dos diversos conflitos que esses provocam.

Projeções imediatas da importância dessa autonomia estão na liberdade contratual, em seus diversos aspectos; no direito de propriedade e na garantia dos direitos subjetivos públicos, como projeção jurídica que o Estado presta ao cidadão na sua vida social.

A relação jurídica apresenta-se como a categoria capaz de explicar toda a atividade social relevante para o Direito, já que só existem problemas jurídicos ou conflitos de interesses entre pessoas que integram relações jurídicas.

1.2. RELAÇÃO JURÍDICO-OBRIGACIONAL

Com seus preceitos (princípios e normas), o ordenamento jurídico rege as relações humanas; assegura a cada indivíduo uma esfera de poder na qual sua vontade é determinante; outorga direitos e estabelece deveres correspondentes. Dessa maneira, nascem relações jurídicas, isto é, surgem efeitos jurídicos das relações humanas que o ordenamento jurídico tenha chancelado.

Sendo assim, obrigacional é a relação jurídica em que ao direito subjetivo atribuído a um dos sujeitos corresponde um dever de prestar imposto ao outro. Na expressão de Pontes de Miranda,[4] "é a relação jurídica entre duas ou mais pessoas, de que decorre a uma, o debitor, ou a algumas, poder ser exigida, pela outra, ou outras, a prestação. Do lado do credor, há uma pretensão; do lado do devedor, a obrigação".

Não se trata, pois, de um vínculo geral, mas de um vínculo especial que liga certas pessoas em particular, qualificando-se, por isso, as obrigações como direitos relativos, distinguindo-se dos chamados direitos absolutos, cujo protótipo são os direitos reais.

---

[4] PONTES DE MIRANDA, Francisco C. *Tratado de direito privado*. 2 ed. Rio de Janeiro: Borsoi, 1962, T. XXXVIII, p. 12.

Na definição da relação jurídico-obrigacional, o seu aspecto formal, estrutural ou externo - tendo em vista o conteúdo do comando ou comandos jurídicos que nela têm aplicação - é relevante, principalmente, para a formação e a classificação dos conceitos jurídicos, e portanto, para a elaboração sistemática das normas jurídicas, e a organização do respectivo ordenamento.

Analisada a mesma relação quanto ao aspecto material, funcional ou interno, isto é, objetivando o teor dos interesses que constituem o seu substrato ou infra-estrutura e a matéria dos respectivos comandos jurídicos, fácil será verificar que ela, como aliás qualquer relação jurídica em sentido estrito, contém uma delimitação de interesses humanos contrapostos: o interesse do devedor e do credor.

Através da prestação devida e da correlativa proporção, são favorecidos os interesses do credor, impondo-se um correspondente sacrifício aos do devedor. A satisfação do credor é, na verdade, segundo Manuel A. Domingues de Andrade,[5]

> "[...] o escopo, a finalidade da relação obrigacional, enquanto concretização de um comando jurídico como toda e qualquer relação. Deste efeito da relação obrigacional sobre os interesses dos respectivos sujeitos é que resulta a sua significação vital ou importância prática, como, aliás, a missão essencial do direito das obrigações está na justa e equilibrada ponderação dos interesses contrapostos de credor e do devedor."

A primeira tarefa a cargo desta disciplina consiste, portanto, na rigorosa delimitação das relações creditórias. Importa, para tal, apurar o *conceito* de obrigação, mediante o confronto com as figuras jurídicas mais próximas; analisar os elementos em que a relação credi-

---

[5] ANDRADE, Manuel A. Domingues de. *Teoria geral das obrigações*. 3 ed. Coimbra: Livraria Almedina, 1966, p. 10-11.

tória se decompõe e a forma como eles se articulam entre si; determinar a *função* do dever de prestar e a influência que ela exerce na vida da obrigação; estabelecer, por fim, os pontos de contato e as diferenças entre as relações obrigacionais e as outras espécies de relações pertencentes ao foro do Direito Privado.

1.3. DIREITO DAS OBRIGAÇÕES

Tomando como ponto de referência a regulamentação sistemática da matéria abrangida no Livro III - Título I, Capítulo I, Seção I, o Código Civil pátrio passa a ocupar-se do Direito das Obrigações, ou seja, no dizer de Clóvis Bevilaqua,[6] "o complexo das relações de direito patrimonial que têm por objeto fatos ou prestações de uma pessoa em proveito de outra".

Para João de Matos Antunes Varela,[7]

> "[...] o direito das obrigações é o conjunto das normas jurídicas reguladoras das relações de crédito - sendo estas as relações jurídicas em que ao direito subjetivo atribuído a um dos sujeitos corresponde um dever de prestar imposto ao outro. É o dever de prestar, imposto a uma das partes no interesse da outra, que distingue a relação obrigacional de outros tipos de relações (nomeadamente dos direitos reais, dos direitos de autor, dos direitos de personalidade e, também, dos direitos potestativos em geral)".

Como ramo da doutrina - e já não como simples parte do direito objetivo - o Direito das Obrigações tem essencialmente por fim a elaboração sistemática, feita

---

[6] BEVILAQUA, Clóvis. *Código civil dos Estados Unidos do Brasil comentado*. Rio de Janeiro: Livraria Francisco Alves. 1921, v. 4, p. 6.

[7] VARELA, João de Matos Antunes. *Das obrigações em geral*. 2 ed. Coimbra: Livraria Almedina, 1973, v.1, p. 15.

com espírito científico, de todos os elementos facultados pelas normas reguladoras das relações de crédito. Daí que, tomando a parte mais expressiva ou mais característica da relação pelo todo, se pode afirmar que o objeto fundamental do Direito das Obrigações consiste nos deveres de prestação. Assim, conforme Karl Larenz,[8] é a importância fundamental do dever de prestar que distingue a relação creditória de outros vínculos jurídicos especiais.

Vale notar que, dominando soberanamente neste campo, mais do que em qualquer outro, o princípio da autonomia privada ou da liberdade contratual é o Direito das Obrigações constituído sobretudo por disposições de caráter supletivo que procuram exprimir a normal intenção das partes para a hipótese - aliás, freqüente - de não se ter ela manifestado quanto aos diversos aspectos do regime do vínculo obrigacional, intenção deduzida da apreciação equilibrada dos interesses ou conveniências, segundo as várias circunstâncias concretamente existentes.

A razão de sua substancial constância no tempo e no espaço, permitindo uma colaboração mais íntima entre os juristas das várias épocas e nações, deve ter contribuído para que o Direito das Obrigações seja o ramo do Direito Privado - e do Direito em geral - dos mais evoluídos na elaboração e sistematização científica. Outros fatores, certamente, terão concorrido para este resultado.

Pela perspectiva assim desenvolvida, Manuel Domingues de Andrade[9] conclui que "a realidade evidente e notória, porém, é o maior adiantamento da ciência jurídica nesse domínio. Pode-se dizer, que tendo começado a ciência jurídica pelo direito civil, a ciência do direito civil começou pelas obrigações".

---

[8] LARENZ, Karl. *Derecho de obligaciones*. Madrid: Editorial Revista de Derecho Privado, 1959, T.I, p. 20.

[9] ANDRADE, Manuel Domingues de. *Op. cit.*, p. 15.

1.4. IMPORTÂNCIA DAS RELAÇÕES OBRIGACIONAIS

Os itens 1 e 2 anteriormente mencionados aludem à importância prática *genérica* das obrigações, mas não à sua importância prática *específica*, ou seja, quanto à função particular que na vida social a elas compete em face dos outros tipos de relações jurídicas.

A esse respeito, elucida a consideração de que os interesses em jogo na relação obrigacional são quase exclusivamente de natureza patrimonial ou econômica.

Através das obrigações, portanto, mais que através de qualquer outra forma jurídica, é que se desenvolve e opera na vida real o importantíssimo fenômeno da colaboração econômica entre os homens.

Por meio delas, embora não de modo absolutamente exclusivo - pois ainda os direitos reais têm intervenção -, é que os homens prestam coisas ou serviços uns aos outros; é que cada um proporciona os seus próprios bens ou a sua força ou capacidade de trabalho aos outros, havendo, em regra, reciprocidade nessas prestações. Ainda por meio delas é que os homens agrupam os seus recursos, em bens ou energias, para a consecução de finalidades econômicas comuns.

Vê-se, pois, que é no instituto obrigacional que reside, principalmente, a forma ou instrumento jurídico da vida econômica no aspecto da circulação de riqueza e, também, numa larga medida, quanto ao aspecto da produção.

Basta notar que ao domínio das obrigações pertencem as figuras negociais - venda, troca, empréstimo, locação de coisas, locação de serviços, mandato, empreitada, contrato de sociedade. Pode-se assim dizer que a estrutura e o efeito do sistema econômico assentam, fundamentalmente, na argamassa das obrigações do Direito Privado, embora com forte e inegável tendência de publicização.

2. A obrigação jurídico-contratual

2.1. OBRIGAÇÃO NO SENTIDO TÉCNICO-JURÍDICO

"Obrigação", em respeito ao tema proposto, tem um sentido técnico e restrito. Buscando sua etimologia latina - *ob + ligatio* - identifica-se a idéia de vinculação, podendo-se, assim, entendê-la como cerceamento da liberdade de ação, em benefício de pessoa determinada ou determinável.

Na definição clássica dos romanos, incorporada às Institutas, L. 3, Tít. XIV (*Digesto de Obligationibus*), por Justiniano *"obligatio est iuris vinculum quo necessitate adstringimur alicuius solvendae rei secundum nostrae civitatis iura"*.

"Obrigação é o vínculo jurídico ao qual nos submetemos coercitivamente, sujeitando-nos a uma prestação, segundo o direito de nossa cidade, onde a relação entre devedor e credor é caracterizada como um *vinculum iuris* tendo por conteúdo uma prestação (*alicuius solvendae rei*) e como natureza intrínseca a coercibilidade (*necessitate adstringimur*)", conforme referido por Caio Mário da Silva Pereira.[10]

O Código Civil, ao empregar, no Livro III, Título I, Capítulo I, Seção I, nos arts. 863 e seguintes, o termo *"obrigação"*, usa-o em sentido técnico-jurídico, que não

---

[10] PEREIRA, Caio Mário da Silva. *Instituições de direito civil*. Rio de Janeiro: Forense, 1966, v. II, p. 10.

se identifica, de maneira alguma, com dever jurídico, ônus jurídico ou estado de sujeição. É esse significado específico que se quer apreender, e na busca desse conceito técnico formularam os juristas inúmeras definições de relação obrigacional.

Clóvis Bevilaqua[11] define obrigação como:

> "[...] relação transitória de direito, que nos constrange a dar, fazer ou não-fazer alguma coisa, em regra economicamente apreciável, em proveito de alguém que, por ato nosso, ou de alguém conosco juridicamente relacionado, ou em virtude da lei, adquiriu o direito de exigir de nós esta ação ou omissão."

Na conceituação de Washington de Barros Monteiro,[12]

> "obrigação é a relação jurídica, de caráter transitório, estabelecida entre devedor e credor, e cujo objeto consiste numa prestação pessoal econômica, positiva ou negativa, devida pelo primeiro ao segundo, garantindo-lhe o adimplemento através de seu patrimônio"

Caio Mário da Silva Pereira,[13] procurando defini-la sinteticamente, diz que: "Obrigação é o vínculo jurídico em virtude do qual uma pessoa pode exigir de outra uma prestação economicamente apreciável".

Obrigação, no dizer de Orlando Gomes,[14] "é um vínculo jurídico em virtude do qual uma pessoa fica adstrita a satisfazer uma prestação em proveito de outra".

Mais sucinto é Vittorio Polacco,[15] quando define a obrigação como relação jurídica patrimonial em virtude

---

[11] BEVILAQUA, Clóvis. *Direito das obrigações*. 2 ed. Bahia: Livraria Magalhães, 1910, p. 13.

[12] MONTEIRO, Washington de Barros. *Direito das obrigações* (1a. parte). 22 ed. S. Paulo: Saraiva, 1988, p. 8.

[13] PEREIRA, Caio Mário da Silva. *Op. Cit.*, p.17.

[14] GOMES, Orlando. *Obrigações*. 8 ed. Rio de Janeiro: Forense, 1986, p. 11.

[15] POLACCO, Vittorio. *Le obbligazioni nel diritto civile italiano*. Seconda Edizione riveduta ed ampliata. Roma: Athenaeum, 1915, v. I, p. 7.

da qual o devedor é vinculado a uma prestação de índole positiva ou negativa para com o credor.

Na expressão de Larenz,[16] obrigação é relação jurídica pela qual duas ou mais pessoas se obrigam a cumprir determinadas prestações e adquirem o direito de exigi-las.

Analiticamente, para Giorgio Giorgi,[17] obrigação é um vínculo jurídico entre duas ou mais pessoas determinadas, em virtude do qual uma ou mais delas (devedor ou devedores) são sujeitas à outra ou às outras (credor ou credores) a fazer ou não fazer qualquer coisa.

Para alguns civilistas, o conceito não é inteiramente satisfatório em razão das interpretações que pode comportar a expressão *solvere rem*. Entende-se, todavia, a expressão, não no sentido estrito de pagar uma coisa, porque não abrangeria todas as espécies de obrigação, nem na acepção ampla de prestação que compreende todos os deveres jurídicos, mas admite-se que a expressão se refere a todas as prestações patrimoniais.

O termo "obrigação" é usado em um sentido amplo, como sinônimo de dever jurídico ou como incluindo, também, a sujeição que corresponde aos chamados direitos potestativos. Qualquer destas variantes tem curso na linguagem dos juristas.

No significado, a que podemos chamar estrito, ou técnico, a palavra "obrigação" constitui o termo próprio de uma certa classe de relações jurídicas do Direito Civil, distinta de várias outras derivadas, principalmente, dos direitos reais, dos direitos ou relações de família, e das relações sucessórias.

Dar o conceito de obrigação neste particular sentido, que é o mais divulgado entre os juristas, e largamente praticado na sistematização germânica, equivale a definir ou circunscrever essa classe de relações jurídicas.

---

[16] LARENZ, Karl. *Op. Cit.*, p. 18.

[17] GIORGI, Giorgio. *Teoria de las obligaciones en el derecho moderno*: fuente de las obligaciones. Contratos. Madrid: Editorial Reus, 1939, v. III, p. 26.

Assim, podemos dizer, com Domingues de Andrade,[18]

> "que a obrigação é um vínculo jurídico por virtude do qual uma pessoa deve satisfazer a outra uma certa prestação, sendo de advertir, contudo, que em qualquer dos lados deste vínculo se pode deparar uma pluralidade de pessoas."

Radica, portanto, a obrigação, em uma norma de submissão que tanto pode ser autodeterminada - quando é o próprio agente que escolhe dada conduta - como pode provir de uma heterodeterminação - quando o agente a sofre em conseqüência ou como efeito de uma norma que a dita. Num ou noutro caso, elemento decisivo do conceito é a prestação. Para constituir uma relação jurídico-obrigacional, uma das partes tem de se comprometer a *dare, facere, praestare*, como esclareceram os jurisconsultos romanos, isto é, comprometer-se a transferir a propriedade de um bem, ou outro direito real, a praticar ou abster-se de qualquer ato, ou a entregar alguma coisa sem constituir direito real. A prestação deve satisfazer o interesse do titular do direito ou do crédito, porque o vínculo se estabelece para esse fim. Portanto, uma pessoa, denominada sujeito passivo ou devedor, está adstrita a uma prestação positiva ou negativa, em favor de outra pessoa - sujeito ativo ou credor - a qual adquire a faculdade de exigir seu cumprimento.

A noção fundamental de obrigação apresenta-se, mais ou menos, a mesma nos diversos sistemas jurídicos e em várias épocas. Podem ter alterado os efeitos ou a intensidade do vínculo, a sua pessoalidade ou a sua proteção econômica, mas as características fundamentais não sofreram modificações radicais.

---

[18] ANDRADE, Manuel A. Domingues de. *Op. Cit.*, pp. 5 e 8.

2.2. DESENVOLVIMENTO HISTÓRICO DAS OBRIGAÇÕES

Observa-se que a acepção do termo *obligatio* e o conceito de obrigação - como, aliás, a importância desta figura na realidade jurídica - não constituem inovação dos tempos modernos. Remontam a épocas muito distantes. O instituto das obrigações foi particularmente objeto de regulamentação e de doutrina jurídica entre os romanos, e a noção dada coincide essencialmente com as idéias e as formulações que a este propósito nos transmitiram as fontes romanas.

A História nos conta que o Direito das Obrigações formou-se lentamente, numa luta constante contra a rudeza dos homens e a resistência tenaz dos chefes dos bandos, prepotentes e sangüinários.

Nos primeiros séculos de Roma, a noção abstrata da obrigação não existia, pois só se conheciam *obrigados*, como observa Savigny.[19] O obrigado era uma pessoa que o chefe de família fazia trabalhar em seu proveito, como escravo, por não ter podido pagar a sua dívida.

A obrigação confundia-se com o direito de propriedade. No ano 303 de Roma, quando os decênviros redigiram a *Lei das XII Tábuas*,[20] deram o conceito de obrigação, na mesma Tábua VI - Lex I -, onde trataram da propriedade: *"Quum nexum faciet mancipiumque, uti lingua nuncapassit, ita ius esto"*. Significava que se alguém empenhasse alguma coisa ou a vendesse em presença de testemunhas, o que prometera tinha força de lei.

A palavra *obrigação* não aparece nessa regra. O vocábulo usado é *nexum*, e *nexum* exprime ligação, vínculo, sujeição, escravidão por dívidas; significa, tam-

---

[19] SAVIGNY, Friedrich Karl Von. *Traité de droit romain*. Tradução por Guenoux. Paris: F. Didot, 1841, T.1, p. 78.

[20] POTHIER, Roberto Josepho (Org). *Pandectae justinianeae: cum legibus codicis et novellis. In*: de obligationibus et actionibus. Prima Pars. Parissis: *apud* Belin-Leprieur, Bibliopolam, 1818, T. III, p. 181.

bém, contrato, venda. Aparece, assim, o conceito que tinham de obrigação: o obrigado ficava ligado, preso ao seu credor. E este podia dispor do corpo do devedor, no caso de impontualidade ou inadimplemento da obrigação.

Os romanistas definem o termo *nexum* como todo o negócio feito com o cobre e a balança - *nexum est quodcumque per aes est libram geritur*.[21] E o cobre e a balança são os instrumentos conhecidos na antiga *mancipatio*, solenidade ritualística pela qual a propriedade dos bens (*res mancipi*) era transferida de uma pessoa para a outra.

Entretanto, o *ius in re* - direito exercido com oponibilidade total contra todos, de que é exemplo o direito de propriedade - é claramente distinto, na análise do direito aperfeiçoado, do direito pessoal, ou *ius in personam* - o direito contra um só indivíduo ou só grupo - caracterizando uma obrigação. *"As transferências estabelecem o direito de propriedade; os contratos criam obrigações"*, reconhece J. do Amaral Gurgel.[22]

Mas o conceito prossegue envolvido. Das quatro fontes de obrigações (contratos, delitos, quase-contratos, quase-delitos), admitidas na época clássica do Direito Romano, as principais e mais antigas são os contratos e os delitos.

Sendo a obrigação uma restrição à liberdade do devedor, compreende-se por que não se pode falar senão em causas bem determinadas. Assim, o Direito Romano reconhecia essas duas grandes causas de obrigações, não de uma maneira absoluta, mas sob determinadas condições: se a vontade fosse manifestada em um contrato, se o fato ilícito constituísse delito.

---

[21] ORTOLAN, J. *Explication historique des instituts de l'empereur justinien*. 12 ed. Paris: Librairie Plon, 1883, v. III, p. 129.

[22] GURGEL, J. do Amaral. *Contratos no CCB*. S. Paulo: Saraiva, 1939, v. I, p. 12.

As obrigações assim consagradas foram, entretanto, pouco numerosas em sua origem. Entre os primeiros romanos - agricultores e guerreiros -, estranhos ao comércio e à indústria, as necessidades eram muito limitadas. O câmbio de dinheiro, sob diferentes formas, se tinha satisfatório. O castigo pelos atos ilícitos, acrescido de uma pena pecuniária, era uma fonte de obrigações muito mais abundante. Porém, quando Roma iniciou suas relações com outros povos, foi acrescendo-se a circulação de riquezas. Assim, uma civilização mais adiantada faz nascer necessidades novas, e outros círculos de transações vão surgindo.

O Direito precisou sancionar, em um grande número de casos, o convênio das partes, ao mesmo tempo em que o submeteu a formas determinadas para garantir-lhe a seriedade. Da mesma maneira, algumas leis estendiam e completavam a lista dos delitos, cuja repressão era preciso assegurar. Dessa forma, desenvolveram-se os contratos e os delitos.

Os jurisconsultos, tratando de determinar as causas das obrigações sancionadas pelo Direito, reconhecem que se pode estar obrigando sem que tenha havido contrato ou delito. Eugene Petit[23] menciona Gaio, dizendo que o jurisconsulto, em sua obra, estuda outras causas de obrigações que não são nem contratos, nem delitos (*obligationes ex variis causarum figuris*). Uma análise mais precisa lhe permite separá-las em duas categorias distintas: segundo alguém esteja obrigado como conseqüência de um contrato, *quasi ex contractu*, ou como a conseqüência de um delito, *quasi ex maleficio*. Assim, exemplifica, se um herdeiro aceita a sucessão, está obrigado a pagar os legados. Não há contrato, todavia houve um ato de vontade lícito que se aproxima do contrato, e não do delito: sua obrigação nasce *quasi ex*

---

[23] PETIT, Eugene. *Tratado elemental de derecho romano*. Buenos Aires: Editorial Albatroz, 1974, p. 364.

contractu. Se uma pessoa pratica um ato ilícito que não se enquadra nas categorias qualificadas pelo Direito Romano como delito, sua obrigação nasce *quasi ex delito*. Gaio reconhece, pois, implicitamente, quatro fontes de obrigações civis, e esta divisão está claramente formulada nas *institutas* de Justiniano.

Cada obrigação tem, no Direito Romano, uma fisionomia particular, segundo a causa que a produziu. Por isso, os jurisconsultos não analisaram as obrigações em si mesmas, segundo suas características gerais, e sim, limitaram-se a descrever as diferentes fontes de onde emanam.

O conteúdo da obrigação não foi sempre o mesmo. Inicialmente, a obrigação refletia o costume antigo segundo o qual quem comete um delito se submete à vingança do ofendido, ou de seus parentes, que podem prender, matar ou mutilar o autor do ilícito. Ela vincula o corpo do devedor ao receber, a título de pena e, depois, a título de garantia. Essa última função, a obrigação passou a desempenhá-la quando, entre a família do ofensor e a do defendido, se chegasse à composição voluntária (*pactio*), pela qual se convencionava o pagamento de uma quantia para libertar o culpado. Na *Lei das XII Tábuas*, o devedor *ex delito* que não paga a pena, e o devedor *ex contractu* que não paga a dívida, submetem-se à servidão (*corpus obnoxium*). A *obligatio* não é, então, senão uma senhoria do credor sobre a pessoa do devedor, e nisso não se distingue do direito real.

Marco fundamental na história do conceito de obrigação representa a *Lei Poetelia Papiria*, de 426 a.C., que proíbe a escravidão do devedor *ex contractu*. Desde então a obrigação, em vez de vincular o *corpus*, submete o patrimônio do devedor, e eis por que se fala de *res obligata*.

A teoria das obrigações é a que, para Eugene Petit,[24] foi elevada pelos romanos

---

[24] PETIT, Eugene. *Op. Cit.*, p. 365.

"[...] al más alto grado de perfección. Es que ella fue la obra de la razón misma de los jurisconsultos que, intérpretes juriciosos de la voluntad de las partes, se aplicaron a desarrollar sus principios con la delicadeza de análisis que era su cualidad propia".

E, graças a esse trabalho de interpretação dedicado às regras atinentes às obrigações, foi sendo retirado o formalismo primitivo, ampliando-se a sua aplicação, a ponto de se constituírem essas obrigações ideais com referências comuns, aplicáveis a povos de costumes e de civilizações diferentes, chegando até nossos dias, aceitas pelos legisladores modernos, em seus elementos atuais, tais como os romanos as haviam concebido.

Marcado pelo extremo formalismo, o direito obrigacional romano dos primeiros tempos imprimia às cerimônias sacramentais predominância completa sobre a manifestação da vontade, preocupando-se menos com o sentido do querer do agente do que com a expressão material da emissão volitiva; mais valia o rito prescrito para a estipulação e a apuração de sua observância, do que propriamente o seu conteúdo.

Sempre muito apegado à sacramentalidade exterior dos atos, esclarecem os romanistas - Petit, Bonfante e outros - que a declaração de vontade chegou a projetar-se como elemento gerador de direitos e obrigações, preponderando sobre a forma exterior, robustecendo, assim, a impessoalidade da obrigação.

Apesar de demorado este deslocamento, na chegada do século VI já pode o *corpus iuris civilis* consagrar uma definição que apresenta a obrigação como provinda da vontade, submetendo o devedor a uma prestação (*dare, facere, praestare*), e não mais à sujeição do corpo ou da pessoa do obrigado.

O gênio dialético dos romanos, temperado por um forte sentido das realidades práticas, permitiu, de fato, que o Direito Romano previsse e regulasse, em fórmulas muito concisas e equilibradas, grande parte das situações típicas que vieram a constituir-se ou continuaram a verificar-se nos séculos subseqüentes. As concepções de justiça e de eqüidade, as máximas de experiência, as regras do bom-senso e os ensinamentos da prudência, bem como, os restantes ingredientes com que o legislador tem de manipular, neste setor, as normas supletivas, não têm sofrido grande variação em seu aspecto formal pelo menos, quer no tempo, quer no espaço.

Conservando a concepção da época clássica, o Direito Medieval introduziu-lhe maior teor de espiritualidade, imprimindo na idéia mesma de *peccatum* a falta de execução da obrigação, que era equiparada à mentira, e condenada como toda quebra da fé jurada. Assim, por respeito à palavra empenhada, instituíram os teólogos e canonistas o respeito aos compromissos (*pacta sunt servanda*), que lhes consagraram maior conteúdo de moralidade com a investigação da causa.

O Direito Moderno retoma, sem grandes modificações, a noção romana. Pothier[25] reproduz a definição das Institutas, e o Código de Napoleão - artigo 1.101 - nela se inspirou para definir o contrato.

O que sofreu uma evolução sensível desde os tempos antigos do primitivo Direito Romano até o período contemporâneo das chamadas sociedades de consumo foi o complexo das normas imperativas (inspiradas sucessivamente no direito natural, na moral cristã pregada pelos canonistas, nas correntes filosóficas dos séculos XVIII e XIX, e nas modernas concepções da justiça social), através das quais a ordem jurídica assegura o predomínio dos valores fundamentais do sistema constituído e reage contra os abusos e as injustiças a que pode conduzir a liberdade incontrolada das partes.

A intervenção dos poderes públicos na disciplina das relações do Direito Privado e a conseqüente limita-

---

[25] POTHIER, Robert-Joseph. *Traité des obligations*. P. J. Langlois Librarie, Paris: A. Durand Librairie, 1844, v. I, ns. 1 e 2, pp. 81-82.

ção da autonomia da vontade assumiram, nas legislações modernas, uma expressão bastante significativa. Tem-se alargado o domínio da responsabilidade civil fundada no risco; há um visível empolamento do *ius cogens* na disciplina daqueles contratos (como o arrendamento e o contrato de trabalho) onde a igualdade dos contraentes é mais precária ou há interesses públicos a salvaguardar. Sente-se, na doutrina e na jurisprudência dos vários países, uma forte corrente no sentido de moralizar o regime da relação obrigacional, sacrificando aos ditames da justiça, as conveniências da segurança do comércio jurídico e, por maioria de razão, a obediência ao puro texto das convenções. O Código Civil pátrio reflete a influência deste clima, não só no regime de alguns contratos em especial, mas, também, na aceitação explícita de algumas soluções de forte sentido inovador para a época (1916), dentre as quais destacam-se:

- Consagração do princípio da boa-fé, tanto na preparação e formação dos contratos (art. 85), como no cumprimento da obrigação e no exercício do direito correspondente (art. 935);

- Condenação do abuso do direito, a *contrario sensu* dos atos praticados no exercício regular de um direito reconhecido (art. 160, I);

- Imposição do dever de restituir em todas as situações de enriquecimento sem causa (art. 964);

- Reconhecimento das obrigações naturais como figura de caráter geral (art. 970);

- Possibilidade de resolução do contrato, por alteração anormal das circunstâncias vigentes ao tempo da sua celebração (art. 1.092).

Mas, até na intervenção crescente dos poderes públicos, que constitui a nota capital do moderno Direito das Obrigações, a evolução dos vários sistemas jurídicos se tem processado em termos de relativa uniformidade quanto aos Estados de nível cultural não muito distanciado. Lenta e gradualmente, também bastante próximo de Estado para Estado, tem evoluído a auto-regulamentação de interesses ditada pela vontade dos particulares, estimuladas pelas necessidades do meio e pelo avanço constante da técnica.

Através desses fatores, explica-se que tenha sido o Direito das Obrigações o domínio onde mais facilmente se completou a unificação jurídica dos Estados modernos que constituíram, sobre diversas regiões territoriais, a sua unidade política. E aí têm sido freqüentes, também, as tentativas, conquanto nem sempre frutuosas, de uniformização legislativa entre Estados.

2.3. FONTE DAS OBRIGAÇÕES

No que respeita à fonte das obrigações, a variedade de tratamento dessa matéria nos diversos sistemas legislativos reflete as múltiplas concepções doutrinárias.

Toda obrigação supõe uma limitação da liberdade das pessoas entre as quais se estabelece o vínculo jurídico, e essa limitação não se dá por si só, requer a realização de um fato ou causa idônea capaz de criá-la. Ademais, as obrigações em si não são suscetíveis de provas perante a justiça, por não terem uma existência, dada a sua abstração, comprovável pelos sentidos. Ninguém vê o "vínculo jurídico" em si, existente, por exemplo, entre vendedor e comprador, entre arrendador e arrendatário. Não existe outra forma de provar uma obrigação, senão pela causa ou fato que a gerou.

A fonte tem uma importância especial na via as obrigações em virtude da atipicidade da relação creditória. Enquanto o direito de propriedade (art. 524), o usufruto (art. 713), a enfiteuse (art. 678) ou o direito de superfície (art. 526) têm, em princípio, o mesmo conteúdo, seja qual for a sua origem, a obrigação tem um conteúdo variável, consoante a fonte de onde procede.

O fato de onde nasce o vínculo que lhe confere existência real é um elemento estranho à obrigação. Não se confunde, por exemplo, o contrato de mútuo com a obrigação de restituir que recai sobre o mutuário (art. 12.556, do CCB.), nem o ato ilícito de difamação ou injúria, com a obrigação de indenizar posta a cargo do agente (art. 1.547, do CCB.).

Daí a importância de determinarem-se as fontes das obrigações, sobre as quais, desde tempos imemoriáveis, muito discutem os juristas, para o equacionamento adequado de um problema que a doutrina se tem esforçado para solucionar. Não obstante campearem controvérsias, o assunto deve ser tratado em termos da maior singeleza.

A noção de fonte das obrigações encontra-se nos fatos jurídicos, em geral; seu caráter funcional está em serem determinantes de relações jurídicas, pois são fatos propulsores das mesmas. A relação jurídica nasce do fato como efeito da causa, já que não há proporção direta entre o fato como tal na ordem física e a produção de conseqüências na ordem jurídica. A relação jurídica é criada, produzida, nasce, através da ou pela lei, frente a um fato jurídico. É nesse sentido entendido o antigo adágio *ex facto oritur ius* (do fato nasce o direito).

E a melhor conceituação de fato jurídico deve-se a Pontes de Miranda,[26] visto que, analisando seus elementos estruturais essenciais, fixou-lhe o contorno de modo preciso e definitivo, assim sintetizado:

> "Fato jurídico é, pois, o fato ou complexo de fatos sobre o qual incidiu a regra jurídica; portanto, o fato de que dimana, agora, ou mais tarde, talvez condicionalmente, ou talvez não dimane, eficácia jurídica. Não importa se é singular, ou complexo, desde que, conceptualmente, tenha unidade."

---

[26] PONTES DE MIRANDA, Francisco C. *Op. Cit.*, T. I, p. 77.

A fonte das obrigações é o fato jurídico, uma vez que este é o elemento de origem dos direitos subjetivos, dentre eles, os obrigacionais, impulsionando a criação da relação jurídica e concretizando as normas de direito. Deveras, do direito objetivo não surgem diretamente os direitos subjetivos; é necessária uma força de propulsão ou causa que se denomina *fato jurídico*.

Por essas condições, impõe-se, preliminarmente, a distinção entre *fonte imediata* e *fonte mediata* das obrigações. Fonte imediata - causa eficiente das obrigações - é unicamente a lei. Fonte mediata - condição determinante do nascimento das obrigações - são diversos fatos ou situações suscetíveis de produzirem especificamente esse efeito. Por isso se dizem fatos constitutivos das obrigações.

Nessa linha de argumentação, fundamenta Domenico Barbero:[27]

> "Fuente directa de las obligaciones, como de cualquier relación jurídica, fuente, por consiguiente, en el sentido de causa eficiente de la relación obligatoria, es unicamente la ley, el ordenamiento jurídico. Toda relación nace de un mandato; depositario de todo mandato es el ordenamiento jurídico. En este sentido podríamos decir que todas las obligaciones son precisamente legales: en efecto, su última causa es la ley".

O mestre italiano reafirma que a lei não produz a relação jurídica, mas, sim, a conseqüência de fato, de maneira que este assume, entre a relação e a lei, a função de mediação, como condição determinante da causalidade da lei na produção da relação.

É que entre a lei - esquema geral e abstrato - e a obrigação - relação singular entre pessoas - medeia sempre um fato ou se configura uma situação, conside-

---

[27] BARBERO, Domenico. *Sistema del derecho privado*: obligaciones. Buenos Aires: Ediciones Jurídicas Europa-América, 1967, v. III, p. 333.

rados idôneos pelo ordenamento jurídico para determinar o dever de prestar. A esse fato ou a essa situação denomina-se *fonte* ou *causa* geradora a obrigação, que, na conceituação de Barbero,[28] atua como *condição determinante* da causalidade da lei na constituição da relação obrigacional.

Portanto, para este autor, os fatos jurídicos são as fontes mediatas das relações obrigacionais, de índole diversificada, e correspondentes a diferentes efeitos jurídicos.

Diante do problema que suscita a determinação das fontes das obrigações, Arturo Valencia Zea[29] faz uma crítica à classificação romana dizendo que, para o referido sistema, todas as fontes obrigacionais deveriam explicar-se pelo contrato ou pelo delito. Ao surgirem fatos novos, foram eles somados "artificialmente" e "sem lógica" à já existente classificação ou, por não se poderem juntar às classes conhecidas, foram considerados como tendo suas fontes na lei. E conclui o Autor:

"[...] es criticable indicar la lei como fonte de obligaciones. Quando hablamos de las fuentes de las obligaciones nos referimos a los hechos directos, actuales o próximos que pueden engendrar una obligación. La ley es fuente remota de cualquier obligación: tanto de las que nacen de contrato como de las que nacen del acto ilícito. Lo mismo cabe decir de las fuentes de los derechos reales, de los derechos familiares, etc.".

Buscando argumentar o referido posicionamento, Zea questiona a circunstância - sendo a lei fonte mediata de obrigação - em que poderia ser fonte imediata, em que poderia alguém ser obrigado a cumprir uma presta-

---

[28] BARBERO, Domenico. *Op. Cit.*, p. 334.

[29] ZEA, Arturo Valencia. *Derecho civil de las obligaciones*. 3 ed. Bogota: Editorial Temis, 1968, T. III, p. 56-57.

ção só porque a lei determina, sem o concurso de algum fato diferente.

Em resposta ao questionamento, diz que, em nenhum caso, a lei é fonte imediata e exclusiva e uma obrigação, "pois ao contrário seria uma lei pessoal, individualizada, ou, o que é o mesmo, uma lei arbitrária" entendendo que nunca a lei, por si só, cria obrigações. O que pode acontecer, por exemplo, é que Pedro e Paulo sejam irmãos, um pobre e o outro rico, "e esse estado de parentesco entre duas pessoas é considerado pela lei como gerador da obrigação que têm os parentes ricos de fornecerem alimentos aos parentes pobres". Entretanto, a obrigação só nasce no momento em que o fato ocorre.

Por não partirem da necessária distinção entre fonte imediata e fonte mediata, alguns autores incluem a lei entre fontes mediatas, confundindo *condição determinante* com *causa eficiente*. Segundo Planiol,[30] na sua tentativa de simplificar o problema, só existem duas fontes de obrigações: o contrato e a lei; a vontade individual e a vontade legislativa. Ademais, todas as relações jurídicas obrigacionais ou não têm no Direito, por definição, sua causa eficiente.

A lei é sempre a causa eficiente de toda e qualquer obrigação, e não sua condição determinante. Enganam-se os que a indicam entre as fontes mediatas, mesmo quando a restringem a fato constitutivo das chamadas obrigações *ex lege*. Há sempre um fato, ou uma situação, que a lei leva em conta para que surja a obrigação. Devem, pois, ser considerados fontes das obrigações unicamente esses fatos constitutivos. Daí as palavras de Orlando Gomes:[31] "Quando se indaga a fonte de uma obrigação, procura-se conhecer o fato jurídico ao qual a lei atribui o efeito de suscitá-lo".

---

[30] PLANIOL, Marcel y RIPERT, Jorge. *Tratado practico de derecho civil frances: las obligaciones*. Habana: Cultural, 1945, T. VI, p. 39.

[31] GOMES, Orlando. *Op. Cit.*, p. 35.

E nesse sentido, também, o ensinamento de Pontes de Miranda[32] ao afirmar:

"Os deveres e obrigações podem resultar de atos jurídicos lícitos, atos-fatos lícitos e fatos *stricto sensu* lícitos. O promitente deve e pode ser obrigado a cumprir o que prometeu. Se o dever e a obrigação nasceram simultaneamente, é devedor e obrigado sem que qualquer ato ilícito se lhe impute."

E mais adiante, ao incluir as categorias ilícitas (fato *stricto sensu* ilícito, ato ilícito e ato-fato ilícito) como irradiadoras, também, de obrigações, reitera: "Certamente, o contrato e o ato ilícito são fontes principais das obrigações".

Desse modo, sempre haverá um ato humano, isto é, um contrato, uma declaração unilateral de vontade ou um ato ilícito que dará vida às obrigações, desde que decorrente de lei, que o disciplina, reconhece, sanciona e garante. Logo, as obrigações que forem originárias exclusivamente da lei, como a de prestar alimentos, a de ser eleitor, a de pagar tributos, a dos tutores de prestar alimentos, a de guardar segredo profissional, não são obrigações em sentido técnico, mas deveres fundados em lei.

Assim sendo, a fonte mediata do liame obrigacional é a vontade humana ou o fato humano, e a fonte imediata é a lei, porque só ela empresta eficácia ao fato humano ou a qualquer manifestação volitiva.

2.4. ESTRUTURA DAS OBRIGAÇÕES

O contrato, por ser uma fonte de obrigações, gera, para cada um dos contratantes, o mister de se desincum-

---
[32] PONTES DE MIRANDA, Francisco C. *Op. Cit.*, T. XXII, p. 52.

bir de um dever assumido, sob pena de responder pelo inadimplemento.

Surge, desse modo, um vínculo prestigiado pela lei, através do qual o devedor se dispõe a dar, fazer ou não fazer qualquer coisa, em favor do credor. Diante do credor, há sempre o devedor pessoal, e raramente a sua pretensão alcança terceiro. Quem compra, por exemplo, bem imóvel ou móvel não pode, só pelo fato de tê-lo comprado, tomar posse dele. Pode ir contra o devedor para que adimpla a obrigação de devedor. Se o vendedor vendeu o mesmo bem a outrem, e o bem (se imóvel) foi registrado como adquirido por essa pessoa, o primeiro comprador nada pode pleitear contra esse terceiro. O que lhe cabe é ação pessoal contra o devedor.

O termo de obrigação, por vezes, indica conceitos muito diferentes, de modo que cabe ressaltar essas divergências para estabelecer o seu exato sentido técnico.

2.4.1. Noções vinculativas

Com efeito, na linguagem comum, o termo *"obrigação"* reveste uma significação bastante ampla. Compreende não só o *dever jurídico* e a *sujeição*, conforme entendimento de Manuel A. Domingues de Andrade,[33] mas, também, a figura do *ônus jurídico* e, até, qualquer dever não-jurídico imposto por outras normas que não as do Direito (moral, social), se não mesmo, qualquer ônus de natureza extrajurídica (técnica, econômica).

2.4.1.1. O dever jurídico

O conceito de dever jurídico assenta na idéia, comum ao direito e à moral, de que o homem pode e deve dispor ou orientar o seu procedimento em conformidade com certas prescrições. O dever jurídico pode representar-se como uma ordem ou um comando dirigido

---

[33] ANDRADE, Manuel A. Domingues. *Op. Cit.*, pp. 2 e 3.

pela ordem jurídica ao indivíduo, e que ele tem de observar, isto é, como um imperativo. Distingue-se do dever moral enquanto a sua observância é assegurada, fundamentalmente, embora nem sempre de modo eficaz, através dos meios exteriores do poder estadual (execução forçada, indenização por perda e danos, penas).

Na definição de Von Tuhr,[34] o dever se funda, de forma semelhante ao direito subjetivo, no fato psicológico da vontade; a lei, com os deveres que estabelece, se dirige ao homem e influi em sua vontade, determinando a mobilidade desta. O obrigado deve observar a conduta que em cada oportunidade lhe prescreve a lei.

Simplificando, conclui-se que há um dever, quando a ordem jurídica formula um comando para cuja inobservância estatui uma *sanção* (imposição de uma desvantagem), um verdadeiro comando jurídico, portanto. Todavia, cabe advertir que a ordem jurídica procede assim, tendo em vista tutelar um interesse alheio ao do sujeito do dever (aspecto funcional ou substancial do conceito). Nesses termos, ao direito do proprietário corresponde o dever negativo e universal de não perturbar o seu exercício, mediante qualquer intromissão ou ingerência na coisa que constitui objeto desse direito (art. 524).

O *dever jurídico*, portanto, é imposto por um comando legal e tem sua observância garantida pela força estatal.

O exemplo citado vale para outros direitos subjetivos - sobretudo os direitos de crédito -, com a diferença de que o *dever jurídico*, muitas vezes, não é negativo universal, mas positivo e particular.

Na expressão de João de Matos Antunes Varela,[35] "o dever jurídico é a necessidade, imposta pelo direito

---

[34] VON TUHR, Andreas. *Derecho civil: teoría general del derecho civil aleman*. Buenos Aires: Editorial De Palma, 1946, v. I, T. I, p. 119.

[35] VARELA, João de Matos Antunes. *Op. Cit.*, p. 42.

objetivo, de as pessoas observarem determinado comportamento". É uma ordem, um comando, uma injunção dirigida à inteligência e à vontade dos indivíduos, que só no domínio dos fatos podem cumpri-la ou deixar de acatá-la. Não é um simples conselho, uma advertência ou uma pura exortação, porquanto a exigência da conduta imposta é acompanhada da cominação de algum ou alguns dos meios coercitivos próprios da disciplina jurídica, mais ou menos fortes, consoante o grau de exigibilidade social da conduta prescrita.

O dever tutelado pela sanção pode ser ditado no interesse da coletividade ou do Estado, de uma generalidade de pessoas, ou de pessoas determinadas. Quando a ordem jurídica confere às pessoas em cujo interesse é instituído o poder de disporem dos meios coercitivos que o protegem - quando, por outros termos, o fundamento da tutela do interesse depende da vontade do titular desta - diz-se que ao dever corresponde um direito subjetivo. O direito subjetivo é o poder conferido pela ordem jurídica a certa pessoa, como meio de satisfação de um interesse próprio ou alheio. O titular do direito não é, assim, apenas um *vigilante* interessado do comportamento prescrito; é o árbitro ou o juiz da vantagem do funcionamento, em cada caso concreto, da tutela jurídica do dever.

Ora, não será necessário aprofundar mais a noção dada para se concluir que o *dever jurídico*, correspondente aos direitos subjetivos, não se confunde com o lado passivo das relações que constituem objeto dessa disciplina, pois ao *dever jurídico* contrapõem-se, no lado ativo da relação, não só os direitos públicos (os deveres militares, os deveres sancionados pelo direito penal, os encargos fiscais, as prestações aduaneiras, os deveres de ordem constitucional e administrativa), mas ainda, no âmbito restrito do Direito Privado, tanto os direitos de crédito como os direitos reais.

2.4.1.2. *A sujeição obrigacional*

A sujeição corresponde, para os direitos potestativos, ao *dever jurídico* quanto aos direitos subjetivos, propriamente ditos. Consiste na necessidade de suportar as conseqüências jurídicas a cuja produção tende um direito potestativo. O termo *necessidade*, empregado neste contexto, tem o sentido de subordinação irresistível, tal como a que promana das leis naturais, já que aquelas conseqüências produzem-se forçosamente.

Uma vez exercido tal direito, por mero ato do titular, ou pela intervenção da autoridade judicial, o adversário não pode obstar a que surjam os correspondentes efeitos jurídicos. Não se pode, pois - quanto ao *dever jurídico* -, conceber a inobservância, a desobediência, a infração de uma sujeição e a correlativa sanção.

Nesse aspecto, ao se estabelecer a diferença entre *sujeição* e *dever jurídico*, cabe lembrar Carnelutti,[36] para quem a sujeição exclui a liberdade; a obrigação supõe liberdade.

Aliás, nem a sujeição mesma reveste, sempre, caráter sancionatório, pressupondo um comando desobedecido. Mas, por outro lado - como aspecto funcional ou substancial do conceito -, a *sujeição* é imposta, como o *dever jurídico*, para a tutela de interesse de outrem que não o sujeitado, assim, por exemplo, a sujeição ao poder que tem o mandante de revogar livremente o mandato (art. 1.319) ou ao poder que tem o inquilino de denunciar o arrendamento no prazo do termo contratual (art. 6º da Lei 8.245/92). Nesses casos, o poder dos titulares tem a natureza de declaração receptícia de vontade. Não corresponde nenhum dever especial por parte do mandatário ou do senhorio. Não há necessidade de colaboração da vontade destes (*necessitas agendi*), para que na sua esfera se produza o efeito pretendido (revogação ou

---

[36] CARNELUTTI, Francesco. *Studi di diritto processualle*. Padova: CEDAM, 1928, v. II, p. 295.

denúncia do contrato) e, por isso mesmo, não há qualquer comando dirigido a tal fim. A contraparte está sujeita, apenas, quer queira ou não, a que determinados efeitos de um direito (constituição - art. 592 do CCB.; modificação - art. 960 do CCB, ou extinção - art. 5º da Lei nº 6.515/77) produzam-se na esfera jurídica, por simples vontade de outrem, atuando umas vezes por si sós, outras, mediante recurso forçoso aos órgãos judiciários (ex.: dissolução do casamento por divórcio - art. 35 da Lei nº 6.515/77).

O estado de sujeição consiste exatamente nesta situação inelutável de ter de suportar na sua própria esfera jurídica os efeitos a que tende o exercício do direito potestativo. O titular passivo da relação nada tem a fazer para cooperar na realização do interesse da outra parte, mas nada pode fazer, também, para impedi-lo.

2.4.1.3. O ônus jurídico

Distinta das duas anteriores é a figura do *ônus jurídico*. Se alguém que adquire uma coisa imóvel pretender que a aquisição se imponha a terceiros, deve inscrevê-la no registro imobiliário (art. 531 do CCB, combinado com art. 172 da Lei nº 6.015/73). À necessidade do registro não corresponde nenhum estado de sujeição, pois se exige do interessado a prática de um ato, que ele é livre de executar ou não, para se produzir o efeito jurídico a que se visa. Também não há a imposição de um dever jurídico, quer porque o sentido da lei não é o de impor a realização do ato, sob a cominação de uma sanção, quer porque o registro funciona no interesse ato, sob a cominação de uma sanção, quer porque o registro funciona no interesse de quem o requer. A ordem jurídica limita-se a atribuir certa vantagem à prática do ato, pois considera o ato como requisito indispensável para a obtenção da ordem, embora deixe à inteira discrição do interessado a opção pela conduta que mais lhe convenha.

O *ônus* consiste na necessidade de observância de certo comportamento, não para satisfação do interesse de outrem, mas como meio de obtenção de uma vantagem para o próprio titular, a qual pode cifrar-se em evitar a perda de um benefício antes adquirido.

Carnelutti[37] define o ônus como a necessidade imposta pela ordem jurídica, de agir de certo modo, antes que de outro, para consecução de um interesse. No *ônus*, ensina o tratadista, o exercício de uma faculdade é posto como condição para obter certa vantagem.

Ao contrário do que sucede no *dever jurídico* e na *sujeição*, no ônus, o vínculo é imposto para tutela de um interesse. Em outras palavras, podemos dizer que *ônus* consiste na necessidade de praticar determinado ato para conseguir uma vantagem jurídica. Vantagem que pode estribar-se em evitar a perda de um proveito preexistente, pois a observância do *ônus* pode ser requisito indispensável, não só para a aquisição de um direito mas, também, para a sua conservação. Do que não se pode tratar é de, como no *dever jurídico*, fugir à imposição de uma verdadeira desvantagem (sanção). Os *ônus* são, afinal, imperativos do próprio interesse, confirma Goldschmidt.[38]

São duas, por conseguinte, as características típicas do *ônus jurídico*. Por um lado, o ato a que o *ônus se refere* não é imposto como um dever; por outro, o ato não visa a satisfazer o interesse de outrem, mas é estabelecido no interesse do próprio onerado; o *ônus* é um meio de alcançar uma vantagem ou, pelo menos, de se evitar uma desvantagem.

Advirta-se, no entanto, que o *ônus* é necessariamente *incoercível*, segundo Domenico Barbero.[39] A conduta a ser observada pelo onerado pode ser omitida, como no

---

[37] CARNELUTTI, Francesco. *Op. Cit.*, p. 298.

[38] GOLDSCHMIDT, James. *Derecho procesual civil*. Tradução por Leonardo Pietro Castro. 2 ed. Barcelona: Editorial Labor, 1936, p. 8 e 230.

[39] BARBERO, Domenico. *Op. Cit.*, v. I, p. 163.

dever jurídico, mas o fato não provoca, da parte da ordem jurídica, uma reação tendente a pôr as coisas, em espécie ou por equivalência, no estado em que estariam sem aquela omissão. É que a inobservância da conduta em causa não prejudica a outra parte - mais genericamente, os interesses tutelados pela respectiva norma -, uma vez que o onerado deixa de alcançar a vantagem para cuja obtenção se exige o cumprimento do *ônus*.

2.4.2. Posicionamentos doutrinários

Orlando Gomes,[40] dentre outros, também João de Matos Antunes Varela,[41] assim se posiciona:

"Tratam-se, pois, de noções que não se confundem com a de obrigação, embora se costume falar em obrigação negativa e universal (dever jurídico) de todo indivíduo abster-se de atos turbativos da propriedade alheia, de sujeitar-se (sujeição), sem poder impedir, as conseqüências, sendo empregado, da despedida, e de registrar-se a escritura para adquirir a propriedade (ônus jurídico)."

Outra parte da doutrina - Caio Mário da Silva Pereira, Sílvio Rodrigues, Miguel Maria de Serpa Lopes - não faz referência às citadas noções, preferindo analisar tão-somente os elementos constitutivos que compõem o vínculo obrigacional.

2.5. ELEMENTOS CONSTITUTIVOS DA OBRIGAÇÃO

Referida a noção técnica de obrigação e fundamentada a definição de que a distinção entre as obrigações e

---

[40] GOMES, Orlando. *Op. Cit.*, p. 13.
[41] VARELA, João de Matos Antunes. *Op. Cit.*, v. I, p. 50.

os direitos reais se firma na diferente estrutura das situações, que integram cada uma dessas categorias, faz-se mister analisar a relação creditória, decompondo-a em seus elementos constitutivos e evidenciando a articulação lógica desses elementos dentro do organismo jurídico a que dão vida.

2.5.1. Sujeitos

A doutrina majoritária aponta três elementos constitutivos da relação obrigacional:

O primeiro elemento é o subjetivo, considerando o papel primordial que desempenha com a peculiaridade de poder-se constituir, duplamente, como credor e devedor.

Um e outro devem ser determinados, uma vez que o vínculo obrigacional só pode formar-se entre pessoas definidas. Contudo, tanto pelo que respeita ao elemento objetivo, como pelo que respeita ao elemento subjetivo, é possível uma relativa indeterminação na parte em que a pessoa do credor ou do devedor se deixam determinar, com base em fatos ou relações já previstos quando do surgimento da obrigação. Isto é, pode suceder que, em sua origem, o vínculo se constitua, tendo um dos sujeitos indeterminados, mas determináveis posteriormente em virtude de uma dada circunstância. Pode suceder também que ele se constitua a favor de um credor, ou contra um devedor determinado e, posteriormente, ocorra contínua mudança de sujeito, todas as vezes que, nessa relação, surja uma nova pessoa, devido ao fato de a obrigação cifrar-se em determinada relação com uma coisa, e não com a pessoa.

No primeiro caso há uma indeterminação inicial destinada a desaparecer, desde que se verifique a circunstância que definitivamente pessoalizará o vínculo em um titular; no segundo caso, a indeterminação é de natureza contínua, pois a obrigação, em vez de se fixar em cada momento determinado nas pessoas vinculadas na relação inicial, passa para novos titulares toda vez que nela ingressa outra pessoa. O vínculo surge pelo simples fato de alguém se encontrar numa relação de propriedade, posse ou de outro direito real com a coisa a que diz respeito (ex.: promessa de recompensa - art. 1.512 - art. 1.056 e art. 1.059, par. único; título ao portador - art. 1.505).

A relação obrigacional, portanto, tem como sujeitos pessoas determinadas, pelo menos, no tempo em que a prestação deve ser satisfeita (cumprimento da obrigação). O sujeito ativo tem o nome de credor (ou credores), e o sujeito passivo o de devedor (ou devedores). Não se trata de um vínculo geral, mas de um vínculo especial, que liga certas pessoas em particular e, por isso, qualificam-se as obrigações como direitos relativos, que se distinguem dos chamados direitos absolutos, cujo protótipo são os direitos reais. Nestes direitos (propriedade, posse) depara-se-nos, pelo lado passivo, um dever jurídico que, todavia, não incumbe a pessoas determinadas, mas a todos os outros consorciados - um dever geral de abstenção ou não-ingerência na coisa em que incide o direito real; dever que, por isso mesmo, pode qualificar-se, e costuma ser qualificado, de negativo universal.

Por conseqüência, a relação jurídica não se estabelece entre sujeitos determinados, mas entre o titular do direito e todas as outras pessoas. E analogamente se passam as coisas com todos os outros direitos absolutos - os direitos sobre bens materiais, imateriais e os direitos de personalidade. O titular exerce-os com oponibilidade *erga omnes*.

Tais direitos, portanto, não entram no conceito técnico ou restritivo de obrigação. Apenas sucede que, no caso de serem violados, isto é, de ser infringido por qualquer pessoa o dever negativo e universal que lhes corresponde, surge, então, uma verdadeira e própria relação obrigacional entre o infrator e o ofendido.

Claro que, em se tratando de uma relação jurídica de Direito Privado, o dever jurídico que incumbe ao devedor está na disponibilidade do credor, pelo menos no sentido de que só este pode pretender o respectivo cumprimento. O mecanismo coercivo - aparelho sancionatório estadual que normalmente pode intervir, se não for executada espontaneamente a prestação devida, em ordem a compelir o devedor a cumpri-la, ou melhor, em ordem a proporcionar ao credor uma satisfação o quanto possível equivalente a que obteria se o devedor a cumprisse - só pode funcionar se assim for requerido pelo credor, e não por iniciativa própria.

Ao dever jurídico imposto ao devedor corresponde, portanto, um direito subjetivo do credor. A eficácia da norma que estabelece o dever jurídico para o devedor está dependente da vontade do credor; essa norma é como que pertença do titular do direito. Mas, porque o dever jurídico é próprio de qualquer relação jurídica de Direito Privado, torna-se dispensável inseri-lo explicitamente no conceito de obrigação.

2.5.1.1. O credor

Credor, como refere Karl Larenz,[42] é aquele que crê na pessoa do obrigado, no seu desejo de cumprir e na sua capacidade de pagamento. É a pessoa a quem se proporciona a vantagem resultante da prestação; o titular do interesse (patrimonial, espiritual ou moral) que o dever de prestar visa a satisfazer.

Ser titular do interesse protegido significa: ser o credor ou portador de uma situação de carência ou uma necessidade; haver bens (coisas, serviços) capazes de preencher tal necessidade; haver uma apetência ou

---
[42] LARENZ, Karl. *Op. Cit.*, p.1, parág. 2, I.

desejo de obter estes bens para suprimento da necessidade.

A tutela depende da vontade de seu titular; o respectivo funcionamento está subordinado à vontade do sujeito ativo da relação. Nesta qualidade de verdadeiro sujeito de um direito subjetivo - e não de simples titular de um interesse reflexamente protegido - o credor pode dispor, mediante as mais variadas formas, dos meios coercitivos prescritos pela ordem jurídica para governo da relação como: exigir o cumprimento - voluntário ou judicial - da obrigação (arts. 952 e 1.056); remitir a dívida (art. 1.053), no todo ou em parte; ceder o crédito (art. 1.065), fazê-lo objeto de doação a terceiro (art. 1.165); convencionar com o devedor a modificação do crédito (art. 999); dá-lo em usufruto (art. 718); constituir com o crédito uma garantia, dando-o em penhor (art. 768); aceitar em cumprimento coisa diferente da que é devida (art. 995). Assim sendo, nos termos do CCB, o credor é o titular do direito à prestação, o sujeito ativo da relação de crédito.

2.5.1.2. O devedor

O devedor é a pessoa sobre a qual recai o dever de efetuar a prestação (o comprador quanto ao pagamento do preço; a entidade patronal, quanto ao salário; o empreiteiro, quanto à entrega da obra). É, como sujeito passivo da relação, quem está adstrito ao cumprimento da prestação. Enquanto o credor tem, dentro da relação obrigacional, uma posição de supremacia, o devedor ocupa uma posição de subordinação.

Se o devedor não cumprir pontualmente a prestação, é sobre ele que recaem as sanções estabelecidas na lei. É sobre o patrimônio do devedor que recai a execução destinada a indenizar o dano causado ao credor, quando a obrigação não for voluntariamente ou judicialmente cumprida (arts. 1.056 e 1.518).

Só o credor tem direito à prestação, e esta só do devedor pode ser exigida. A obrigação tem, assim, caráter relativo, porque vincula, apenas, determinadas pessoas, ao passo que os direitos reais e os direitos de personalidade, como direitos absolutos que são, valem em relação a um círculo indeterminado de pessoas.

Na maioria das vezes, de cada lado da relação há, apenas, uma pessoa: um só credor e um só devedor, dizendo-se que a obrigação é singular.

Mas nada impede que seja plúrima, quer do lado ativo (art. 898) - constituída por vários sujeitos ativos -, quer do lado passivo (art. 904) - integrada por vários sujeitos passivos -, quer simultaneamente do lado ativo e passivo.

Neste caso, as relações entre os sujeitos variam de acordo com o regime de responsabilidade que a lei ou os próprios interessados estabelecem (art. 907).

2.5.1.3. *A alteração dos sujeitos na persistência da obrigação*

A existência dos dois sujeitos é essencial à obrigação como relação intersubjetiva que é. Mas a permanência dos sujeitos originários do vínculo não é condição essencial à identidade da obrigação. Esta pode persistir com todos os seus atributos fundamentais (garantias, juros, contagem do prazo prescricional), apesar de mudar um dos sujeitos da relação, ou de mudarem ambos. E o que se diz quanto aos sujeitos originários é, segundo o CCB, igualmente válido para aqueles que lhes sucederem na titularidade da relação (arts. 928, 988, 999, II e III, 1.065).

Cumpre distinguir, entretanto, esta exigência - natural em toda obrigação - da pluralidade de sujeitos em um, em outro ou em ambos os extremos.

Na obrigação, podem aparecer vários sujeitos ativos, quer originariamente, quer subseqüentemente, como resulta, por exemplo, da transmissão hereditária (art. 1.574), que conhece a multiplicação dos credores, todos com direito contra um só devedor.

A pluralidade subjetiva comporta, portanto, várias hipóteses que geram outras tantas modalidades de obrigações. É possível que um credor tenha, contra vários devedores, a faculdade de receber integralmente de qualquer deles (art. 904) ou, ao contrário, cada devedor tenha o direito de liberar-se, prestando uma cota-parte (art. 890); é possível que, não obstante a faculdade de liberar-se o devedor *pro rata*, reste ao credor o poder de exigir a prestação integral, e não fracionariamente, se a obrigação for indivisível (art. 891), e assim por diante.

Ocorre sublinhar que é entre o devedor e o credor que, diretamente, sob a tutela da lei, se estabelece o vínculo obrigacional. Alerta Manuel A. Domingues de Andrade[43] que:

"[...] este elemento pessoal não pode deixar de existir, uma vez constituída a obrigação. Por muito que possa notar-se, ao longo da evolução do Direito, uma tendência crescente para a objetivação do vínculo obrigacional, essa tendência nunca pode ir até o ponto de tornar dispensável a presença dos respectivos sujeitos. Sem eles a obrigação deixará de ser verdadeira relação jurídica."

2.5.2. Objeto

O objeto da obrigação é a prestação devida. É o meio de se satisfazer o interesse do credor; aquilo que proporciona a vantagem a que ele tem direito.

A prestação consiste em um certo comportamento positivo (*dare, facere, praestare*) ou negativo (*non facere*). Na relação obrigacional, portanto, o devedor está adstri-

---

[43] ANDRADE, Manuel A. Domingues de. *Op. Cit.*, p. 17.

to em face do credor, a proceder de certa forma; a praticar certo ato ou a cumprir certa abstenção.

Nos limites em que as leis da natureza e as do Direito consentem que uma pessoa se obrigue para com outra a dar, a fazer ou não fazer alguma coisa, qualquer forma da atividade humana pode consistir objeto de obrigação.

2.5.2.1. A prestação debitória

Contudo, a obrigação não tem por objeto a coisa em que a prestação se especializa, mas a própria prestação, isto é, um ato positivo ou negativo do devedor que, como dar ou fazer, pode ter, por sua vez, como objeto próprio, uma coisa. Assim, por exemplo, seria errôneo dizer que o objeto da obrigação decorrente de um título cambial é o dinheiro expresso no mesmo.

Às vezes, essa conduta do homem se concretiza ou se materializa numa coisa. Mas, ainda assim, não é de confundir-se o objeto da obrigação, com a coisa sobre a qual incide. Quando a prestação é um *facere*, está nítido o ato do devedor: a ação humana como seu objeto consistente na realização de um trabalho, na confecção de uma coisa, na emissão de uma declaração de vontade, tudo envolvido na expressão genérica - prestação de um fato - e, como o *facere* o *non facere*, o mesmo sentido de atividade humana está abrangido na omissão ou na abstenção, tal qual se apresenta na ação. Quando a obrigação é de dar ou de entregar, seu objeto não é a coisa a ser entregue, porém, a atividade que se impôs ao sujeito passivo, de efetuar a entrega daquele bem; o credor tem o direito a uma prestação, e esta consiste exatamente na ação de entregar, correlata ao direito reconhecido ao sujeito ativo de exigir que lhe seja efetuada a entrega.

Resulta, pois, dos limites citados e, ao mesmo tempo, da natureza intrínseca do vínculo obrigatório, e da *necessitas* que lhe é inerente, que a prestação deve revestir-se de determinados caracteres, indispensáveis para a existência jurídica da obrigação.

2.5.2.2. Requisitos da prestação

A prestação debitória tem que satisfazer certos requisitos sem os quais a relação obrigatória não se pode constituir validamente. Nessa ordem de idéias, importa considerar a possibilidade, a determinação e a patrimonialidade da prestação. Os dois primeiros requisitos são inquestionáveis. O último é, ainda, alvo de controvérsia por parte de alguns autores.

É, assim, necessário que a prestação seja possível, pois ao impossível ninguém pode ser obrigado; o cumprimento de uma prestação não deve ser superior às forças do devedor; sua possibilidade deve ser física e juridicamente passível de ser prestada.

Distingue-se, portanto, da impossibilidade material essa jurídica, já que a primeira é condizente com a faculdade de realização do objeto em si mesmo, e a segunda diz respeito à ordem jurídica.

A impossibilidade material absoluta não se confunde com a mera dificuldade. Se os obstáculos que se opõem à prestação são tão grandes que só podem superar-se com sacrifícios totalmente desproporcionados, então, a consideração racional, ética e econômica, que é a única que o direito leva em conta, tem que considerar a prestação como impossível.

Em se tratando de impossibilidade material, a prestação assim qualificada frustra a obrigação, já que se desenha notória incompatibilidade entre a existência e eficácia do vínculo pelo qual alguém seja constrangido a uma prestação, e a inexeqüibilidade da mesma prestação.

Se o sujeito passivo deve o que não é possível prestar - porque superior às suas forças, física ou intelectual -, em verdade nada deve, por não haver sobre o que incida o cumprimento da obrigação. É o próprio vínculo que se destrói. É nula a obrigação.

O requisito da possibilidade está presente em toda prestação, positiva ou negativa, conducente a um *dare* ou a um *facere*, pois é intuitivo que, em qualquer caso, se sujeite o devedor a uma ação ou a uma omissão, e a nada estará obrigado, se for a prestação insuscetível de execução em si mesma.

A prestação juridicamente possível deve, necessariamente, ser lícita. O requisito de ser possível e o de ser lícito se reduzem ao conceito único da possibilidade. Ilícita é qualquer prestação que, em si mesma ou pelo fim a que se destina, contraria as leis, a ordem pública, a moral e os bons costumes.

"Aqui se tem em vista tanto o que a lei proíbe, como o que se desconformiza do ordenamento jurídico e, por isso mesmo, a iliceidade e a impossibilidade jurídica alinham-se na atração dos mesmos princípios," na preleção do emérito Caio Mário da Silva Pereira.[44]

Assim, o ato que se promete, quer tenha por objeto contravenção à disposição legal expressão, quer envolva contrariedade indireta à norma de ordem pública - pois que não se pode obter por linhas inversas o que diretamente não é possível - estará eivado de iliceidade e, conseqüentemente, maculado pela impossibilidade jurídica de ser prestado.

Não sendo possível minudenciar a infinita enumeração dos casos concretos de ilegalidade de prestação - em razão de sua ilicitude ou sua impossibilidade - deve-se, na maioria das vezes, "deduzir o caráter ilícito e desconforme, do próprio sistema e do complexo do ordenamento jurídico", no entendimento de Roberto Ruggiero.[45]

---

[44] PEREIRA, Caio Mário da Silva. *Op. Cit.*, v. II, p. 22.

[45] RUGGIERO, Roberto. *Instituições de direito civil*. 6 ed. São Paulo: Saraiva, 1973, v. III, p. 24.

Dever-se-á apurar, conseqüentemente, se o objeto da obrigação afronta diretamente a lei, ou contraria os princípios que compõem a conduta social pautada pelas normas da moral e dos bons costumes. Caberá, então, apreciar *in concreto* as espécies e verificar se o objeto, por uma ou outra razão, é lícito.

O objeto da prestação deve, também, ser determinável. A prestação deve ter um conteúdo ou objeto determinado, ou pelo menos, determinável, com base em critérios e elementos previamente fixados.

Não é necessário que a determinação seja absoluta. Exige-se, apenas, que o objeto a ser prestado (coisa ou fato) possa vir a ser determinado através de certos critérios, fixados no respectivo negócio jurídico, ou disposições legais supletivas. Basta, portanto, a sua determinabilidade.

Seria irreconciliável com o caráter de *necessitas*, que é intrínseco na obrigação, uma prestação indeterminada ou uma determinação sem critérios preventivos, ao arbítrio do devedor ou do credor, pois que um poderia prestar uma coisa irrisória e o outro pretender uma coisa que excedesse em muito a potencialidade do obrigado. O grau de indeterminação pode ir de um mínimo, como nas obrigações que dizem respeito alternativamente a duas prestações, até um máximo, como no caso de se tratar da prestação de coisa que pertença a um *genus* muito amplo.

Em regra, é determinada pelo gênero, pela espécie, pela quantidade, pelos caracteres individuais (art. 874). Não o sendo, deverá determinar-se ou por ato dos sujeitos, ou pela escolha de um deles (obrigação alternativa - art. 884), ou por terceiro (como se dá com o preço na compra e venda, cuja fixação pode ser deixada ao arbítrio de um terceiro - art. 1.123) ou, ainda, por fato impessoal, como ocorre quando deixado ao preço da Bolsa ou pendente da oscilação do mercado.

Na expressão de Caio Mário da Silva Pereira,[46] o que não é possível, sob pena de equiparar-se à falta de objeto e, conseqüente ineficácia da obrigação, é a determinação definitiva que importa na própria negação do vínculo, por ausência de objetivação. E conclui: "Quando o objeto é indeterminável, ou pela própria natureza, ou porque circunstâncias especiais obstam a determinação não há obrigação válida."

Com a própria noção de obrigação, está estreitamente ligado o problema que se debate entre os civilistas, e cuja solução ainda não parece pacífica: a necessidade do valor e caráter patrimonial como requisito para validar o vínculo jurídico obrigacional.

A prestação deve ter um valor econômico, apreciável em dinheiro, ou representar um interesse respeitável, ainda que não pecuniário. Suponhamos, diz Savigny,[47] uma convenção entre várias pessoas, para reunirem-se regularmente, a fim de se aperfeiçoarem na ciência ou nas artes. Ainda que essa convenção revista a forma externa de um contrato, não poderá dar nascimento a uma obrigação.

Na opinião de Bevilaqua,[48] esta visão é "estreita", uma vez que o interesse pode não ser pecuniário e exigir a proteção do Direito, nas relações obrigacionais.

Além disso, há casos em que o valor da troca, a estimação exata em dinheiro é difícil, embora admissível, como acontece todas as vezes em que se trata do *praetium affectionis*, ou *praetium doloris*. Entretanto, é possível distender o conceito de interesse, mesmo pecuniário, até abranger a estima dentro de limites razoáveis, segundo convém aos autores e, com razão maior, àquela

---

[46] PEREIRA, Caio Mário da Silva. *Op. Cit.*, p. 24.

[47] SAVIGNY, Friedrich Karl Von. *Droit des obligations*. Tradução por Gerardin et Jozon. Paris: F. Didot, 1838, v. I, p. 12.

[48] BEVILAQUA, Clóvis. *Direito das obrigações*. 2 ed. Bahia: Livraria Magalhães, 1910, p. 30.

hipótese aventada por Savigny, onde há, certamente, um interesse respeitável.

Nessa linha de pensamento, Savigny entende que a patrimonialidade da prestação se define através do interesse do credor: é necessário que esse interesse seja patrimonial, suscetível de avaliação econômica ou pecuniária, para que haja verdadeira obrigação. Outros, como Windscheid e Von Jhering, depois de estudarem detidamente a questão, manifestaram-se contrários ao caráter exclusivamente patrimonial da prestação, afirmando que o interesse do credor pode não revestir natureza econômica ou patrimonial (ser de natureza estritamente ideal); a prestação é que necessita possuir valor econômico, ser suscetível de avaliação pecuniária, conforme referido por Miguel Maria de Serpa Lopes.[49]

Para outros autores - Caio Mário da Silva Pereira, Roberto Ruggiero, Manuel A. Domingues Varella - o problema configura-se nos casos em que na obrigação se fixa a prestação de um fato que não tenha em si, nem por si, nem direta nem indiretamente, um valor patrimonial, isto é, um fato que, tendo um mero valor moral ou ideal, não seja suscetível, segundo o sentimento geral e os usos ordinários da vida social, de se reduzir a uma soma de dinheiro, ou a outra qualquer utilidade econômica.

A patrimonialidade não surge quando, ainda que estabelecida a prestação de um fato, as partes, preventivamente e direta ou indiretamente, lhe tenham atribuído um valor patrimonial, como sucede todas as vezes em que uma prestação sem caráter econômico se estabelece como correspondente a outra de conteúdo patrimonial, ou quando o credor, ao ser assegurada a prestação não-econômica, estipule uma pena para o caso de não-cumprimento, visto que, nestas hipóteses, a obrigação pelo correspondente ou pela pena assina o caráter patri-

---

[49] LOPES, Miguel Maria de Serpa. *Curso de direito civil*. 5 ed. São Paulo: Livraria Freitas Bastos, 1989, v. II, p. 29.

monial. Com base em tais fundamentos, a doutrina tradicional põe como princípio a necessidade de a prestação debitória ter por si mesma um conteúdo patrimonial.

É aceito, no entanto, quando a uma prestação de conteúdo não-patrimonial, as partes tenham feito corresponder um certo valor pecuniário, estipulando uma cláusula penal para o caso de inadimplemento. Como por exemplo, aponta Manuel A. Domingues de Andrade,[50] a clássica hipótese de *A* se ter comprometido com *B* a não tocar piano a certas horas. Esta prestação é, em si mesma, irredutível a um valor pecuniário; suposto, porém, que as partes tenham estipulado uma cláusula penal para o caso de inadimplemento, e *A* não a cumpra, será obrigado a satisfazer a soma convencionada.

O fato de terem certos autores confundido as duas situações é, talvez, a principal causa da dissensão e das dificuldades que se levantam na matéria.

É fora de dúvida que o objeto da prestação deve, necessariamente, ter um conteúdo econômico ou ser suscetível de uma avaliação patrimonial, caso contrário, faltaria ao interesse do credor, a possibilidade concreta de exercê-la, na falta de cumprimento, sobre o patrimônio do devedor. Por outro lado, incluir-se-ia no conceito jurídico da obrigação uma série de obrigações que, apesar de contraídas, tão freqüentemente na vida social, não são exigidas sob a coação judicial.

Referente à tese da patrimonialidade da prestação, podem ser observadas duas ordens de argumentos.

Um deles decorrente do fato de não se ter fixado um valor para o objeto - a legislação pátria o admite implicitamente, ao converter em equivalente pecuniário aquilo a que o devedor culposamente falta, ainda que não tenham as partes cogitado do seu caráter econômico originário. É o que ocorre tanto nas obrigações de dar e

---

[50] ANDRADE, Manuel A. Domingues de. *Op. Cit.*, p. 165.

receber (art. 865, *in fine*, e art. 870, do CCB), como nas obrigações de fazer (art. 879, *in fine*, do CCB), demonstrando que a patrimonialidade é ínsita em toda obrigação.

O outro argumento devido ao fato de a vida social, em seu cotidiano, estar permeada de atos cuja realização é indiferente ao direito. Se a obrigação pudesse ter por objeto prestação não-econômica, faltaria uma nítida separação entre este objeto e os atos a ele indiferentes. Para Manuel A. Domingues de Andrade:[51]

> "É precisamente a pecuniaridade que extrema a obrigação em sentido técnico, daqueles deveres que o direito institui em uma órbita diferente, como, *exempli gratia*, a fidelidade recíproca dos cônjuges imposta pela lei, porém, exorbitante da noção de obrigação".

Assim, nem todos os deveres supõem relação com a economia, de modo a poder-se afirmar que dever de que não promanam, pelo menos, perdas e danos, não constitui figura jurídica. Certos contratos, ditados por interesse artístico ou beneficente, são verdadeiros deveres jurídicos de cuja não-efetivação não resultam, ou podem não resultar, efeitos econômicos. Esses interesses são, às vezes, inestimáveis, mas nem por isso deixam de ser objeto de uma convenção e de transformar-se em verdadeiros deveres jurídicos.

2.5.3. O vínculo jurídico-obrigacional

A ligação entre os sujeitos da obrigação e a prestação debitória, que forma seu respectivo objeto e a maneira como a prestação serve o interesse do credor, têm como núcleo central o vínculo jurídico.

---

[51] ANDRADE, Manuel A. Domingues de. *Op. Cit.*, p. 168.

É através do *vínculo* que a ordem jurídica estabelece créditos e débitos entre o credor e o devedor. É este vínculo elemento nobre sobre o qual as definições tradicionais se fundamentam, e mostra-se presente e vivo, mesmo àqueles autores que o conceituam como relação jurídica. Esse vínculo, constituído pelo enlace dos poderes conferidos ao credor, com os correlativos deveres impostos ao titular passivo da relação, forma o núcleo central da obrigação, o elemento substancial da economia da relação.

Atenta à facilidade com que mudam os sujeitos da obrigação, e ponderadas as transformações que sofre, a cada passo, a própria prestação debitória, o vínculo estabelecido entre o devedor e o credor constitui o elemento irredutível da relação, o cerne do direito de crédito.

Em sentido técnico, pois, obrigação - correspondente à *obligatio* da terminologia romana - exprime, em regra geral, a relação jurídica pela qual uma pessoa (devedor) está adstrita a uma determinada prestação para com outra (credor), isto é, o credor tem o direito de exigi-la, obrigando o devedor a satisfazê-la. É nesse *vinculum iuris* que reside a essência abstrata da obrigação, o poder criador de um liame por cujo desate o indivíduo outrora respondia com sua pessoa, e hoje responde com seu patrimônio.

É este vínculo que traduz, no dizer de Caio Mário da Silva Pereira,[52]

> "[...] o poder que o sujeito ativo tem de impor ao outro uma ação, positiva ou negativa, e exprime uma sujeição que pode variar largamente, dentro, porém, de dois extremos que são os limites externos: a seriedade da prestação e a liberdade individual".

---
[52] PEREIRA, Caio Mário da Silva. *Op. Cit.*, p. 27.

Feita esta apresentação sumária, relativamente fácil se torna identificar os três elementos que integram o vínculo existente entre os sujeitos da relação: o direito à prestação; o dever correlativo de prestar; a garantia.

O direito à prestação radica no poder, juridicamente tutelado, que o credor tem de exigir a prestação do devedor.

Não se trata de um simples interesse juridicamente protegido, semelhante àqueles de ordem geral. O credor, e só ele, pode exigir o cumprimento da prestação, e é de acordo com a sua vontade que funciona o mecanismo da execução, quando o devedor não a cumpre.

O credor não é, apenas, o portador subjetivo do interesse tutelado; é titular da tutela do interesse; é o sujeito das providências em que a proteção legal se exprime.

O direito à prestação, por parte do credor, tem como correspondente, no pólo oposto da relação, o dever de prestar. Este representa a necessidade imposta (pelo direito) ao devedor de realizar a prestação - *necessitas alicuius solvendae rei*, na definição romana -, sob a cominação das sanções aplicáveis.

Trata-se de um dever, e não de um ônus. A prestação não é o meio de obter uma vantagem, cuja realização se deixe ao simples alvedrio do devedor; é o instrumento de satisfação de um interesse alheio, a que o devedor fica adstrito por força da lei, sob pena de incorrer em determinadas sanções.

As sanções que exprimem a juridicidade do dever de prestar, tornando-o exigível, são aquelas que foram apontadas a propósito da tutela do direito à prestação por parte do credor.

Existe na obrigação uma relação pessoa-a-pessoa, com projeção no patrimônio do devedor. O *vínculo jurídico* estabelece esta sujeição.

A lei não se limita a impor um dever de prestar ao obrigado e a retribuir ao credor o correlativo direito à prestação; procura assegurar, também, a realização coativa da prestação, sem prejuízo do direito que, em certos casos, cabe ao credor resolver o contrato, ou recusar legitimamente o cumprimento da obrigação que recaia sobre ele próprio, até que o devedor se decida a cumprir. E, como não se pode contar para o referido efeito com a atuação direta do credor, que atenta à proibição legal da autodefesa (parágrafo único do artigo 502, do CCB), abre-se para o lesado o recurso à ação judicial.

O elemento que mais caráter de juridicidade imprime ao vínculo entre o credor e o devedor (ao poder de exigir do primeiro, e ao dever de prestar do segundo) é precisamente a ação creditória. Esta ação revela-se pelo poder que tem o credor de exigir judicialmente o cumprimento da obrigação - quando o devedor não a cumpre voluntariamente - e de executar o patrimônio do devedor para satisfação do seu crédito (arts. 956, 1.056 e 1.518, do CCB; art. 591 do CPC).

Vista sob o aspecto do devedor, a garantia de crédito traduz-se fundamentalmente na responsabilidade de seu patrimônio pelo cumprimento da obrigação, e na conseqüente sujeição dos bens que o integram aos fins específicos da execução forçada. Assim, se o devedor não cumpre, o credor terá, em regra, que recorrer à execução forçada - ação creditória - (art. 580, par. único do CPC), agredindo, não a pessoa, mas o patrimônio do devedor. Se o credor tem o direito de atingir o patrimônio do devedor, é porque os bens deste respondem pelo descumprimento da obrigação, garantindo o respectivo cumprimento. Quem deve, também responde.

Com destacada opinião, esclarece Juarez Freitas:[53]

> "Desta forma, pode-se afirmar que a relação obrigacional, da qual o *iuris vinculum* é elemento essencial, desdobra-se, por assim dizer, em dois

---

[53] FREITAS, Juarez. *Direito romano e direito civil brasileiro: um paralelo.* Porto Alegre: Livraria Editora Acadêmica Ltda., 1987, p. 47.

aspectos: no que tange ao credor, temos que o seu objetivo direto não é outro senão a prestação, aparecendo, mediatamente, o poder de coerção que o mesmo tem sobre o patrimônio do devedor. Servindo de liame entre os sujeitos da relação, faz-se presente o vínculo jurídico com o qual podemos nos referir à outra parte, o devedor. A este, por seu turno, corresponde o dever de prestar, ou seja, o dever de realizar a atividade-objeto que se firmou pela *obligatio*, pois, em caso de descumprimento, advém para o mesmo a responsabilidade obrigacional".

Segunda Parte

OS PRINCÍPIOS BÁSICOS DAS RELAÇÕES JURÍDICO-OBRIGACIONAIS

3. Noções fundamentais de princípio

3.1. CONSIDERAÇÕES PRELIMINARES

A estrutura do conhecimento, ensina Miguel Reale,[54] realiza-se com *tipos, leis* e *princípios*.

Todo o conhecimento científico implica uma certa *tipologia*, ou mais genericamente, uma *categorização*. O Direito também é uma ciência tipológica. O Direito Criminal, por exemplo, é uma tipologia das mais expressivas ao classificar condutas que configuram o estelionato, o furto, o homicídio culposo. A ciência jurídica necessita, em suas diversas áreas, de esquemas ideais (tipos) que prefigurem normativamente a conduta possível, reputando-a lícita ou ilícita.

Além do elemento tipológico, as ciências trabalham com *leis*. A palavra *lei*, entendida em sua mais ampla acepção, abrangendo tanto as leis que se enunciam no saber físico-matemático, como as possíveis no plano das chamadas ciências culturais em cujo âmbito se situa a Ciência do Direito. Na definição clássica de Montesquieu,[55] "lei é a relação necessária que deriva da nature-

---

[54] REALE, Miguel. *Filosofia do direito*. 10 ed. S. Paulo: Saraiva, 1983, p. 51.

[55] MONTESQUIEU, Charles Louis de Secondat. *O espírito das leis*. Tradução por Fernando Henrique Cardoso e Leôncio Martins Rodrigues. Brasília: Universidade de Brasília, 1982, p. 41.

za das coisas", aplicável tanto no campo das ciências naturais, quanto no das ciências ético-jurídicas.

Portanto, a ciência jurídica, como as demais ciências, processa-se sempre segundo dupla ordenação: uma de natureza tipológica e outra de natureza legal.

Na verdade, parece ter sido do estabelecimento dessa noção diante das imposições das necessidades sociais que foi surgindo o Direito Positivo, do mesmo modo que terá sido da experiência obtida com a aplicação do Direito Positivo a tais necessidades que se foi aclarando a idéia de existirem - acima das leis especiais que regem as relações contratuais - princípios que as devem regular, sem os quais, elas se tornam inaplicáveis, ou, se aplicadas, levam a sociedade ao descalabro.

3.2. DEFINIÇÃO DE PRINCÍPIO

Toda forma de conhecimento filosófico ou científico implica a existência de princípios, isto é, de certos enunciados lógicos admitidos como condição ou base de validade das demais asserções que compõem dado campo do saber.

Para Cândido de Figueiredo,[56] princípio se define como "momento em que uma coisa tem origem. Causa primária. Começo. Elemento que predomina na constituição de um corpo orgânico. Teoria, regra: os princípios da Filosofia. Preceito moral. Preceito. Estréia. Germe. Preliminar". E, a seguir, refere conceitos:

> "Cristian Wolff, no século XVIII, define o princípio como 'aquilo que contém em si a razão de alguma coisa' (Ontologia, parág. 866); Aristóteles enumera os vários sentidos do termo 'princípio' na Metafísica, Livro V, I, 1012 b, 321013 a 19, aduzindo à

---

[56] FIGUEIREDO, Cândido de. *Novo dicionário da língua portuguesa*. 6 ed. Lisboa: Livraria Bertand, 1925, v. II, p. 701.

enumeração antiga mais o sentido de 'causa'. Kant restringe, porém, o termo ao campo gnoseológico: 'Princípio é toda proposição geral, resultante de uma indução da experiência, que sirva de premissa maior ao silogismo' (Crítica da Razão Pura, Dialética, II, A). Henri Poincaré conceitua o princípio como uma 'lei empírica, subtraída ao controle da experiência, obedecendo a motivos de simples comodidade' (*La Valeur de La Science*, p.239)."

Etimologicamente, "princípio", do latim *principium* - na definição de Silvio de Macedo[57] - "significa começo, origem, ponto de partida. Na linguagem científica: fundamento, causa".

Para Eduardo J. Couture,[58] princípio *"do latim 'principium', genitivo 'ii', é derivado de 'princeps', genitivo 'ipis' - 'príncipe'"*. Esclarece que, na pré-história, *principium*, no singular, significava "comienzo" (começo), designando o fato de a comida, ou cerimônia religiosa ter começo quando o príncipe escolhia sua parte. Em tempos históricos, significava "comienzo" e "origen" e, na época clássica, a palavra passa a ser usada no plural *'principia, orum'*, para designar normas ou princípios.

Princípio é, pois, uma regra, preceito ou razão primária. Proposição, verdade geral em que se apóiam outras verdades. Conhecimento fundamental de uma ciência ou arte. Assim, o termo tem uma larga utilização no vocabulário científico, filosófico e teológico, assumindo as diversas conotações dentre as acima citadas pelos grandes autores. Sua aplicação na linguagem jurídica não oferece conotação diversa.

Conceitualmente, princípios são normas básicas, premissas. Critérios ou idéias fundamentais de um siste-

---

[57] MACEDO, Silvio de. *Enciclopédia Saraiva de direito*. S. Paulo: Saraiva, 1977, v. 60, p. 504.

[58] COUTURE, Eduardo J. *Vocabulário Jurídico*. Buenos Aires: Ediciones Depalma, 1976, p. 477.

ma jurídico determinado. Os princípios jurídicos não se caracterizam como algo fora do Direito, senão que, na expressão de Carnelutti,[59] *"están dentro del Derecho como el alcohol está en el vino"*.

A palavra "princípio" tem duas acepções: uma de natureza moral, e outra de ordem lógica. Quando se fala que um indivíduo é homem de princípios, qualificando-o por suas virtudes morais e de boa formação, usa-se o vocábulo na sua acepção ética, moral. Todavia, a palavra "princípio" tem um sentido lógico.

Pode-se dizer que os princípios são "verdades fundantes" de um sistema de conhecimento, como tais admitidas, por serem evidentes ou por terem sido comprovadas, ou também, por motivos de ordem prática de caráter operacional, isto é, como pressupostos exigidos pelas necessidades da pesquisa e da práxis.

José Afonso da Silva[60] ensina que: "Juízo é a ligação lógica de um predicado a algo, com o reconhecimento concomitante de que tal atributividade é necessária, implicando sempre uma pretensão de verdade". O juízo, portanto, é a molécula do conhecimento. Não se pode conhecer, sem formular juízos, nem se pode transmitir conhecimentos, sem a formulação de juízos.

Quando o indivíduo combina juízos entre si, segundo um nexo lógico de conseqüência, está processando um raciocínio. Se o juízo enunciado não é por si evidente, há sempre a possibilidade de reduzi-lo a outro juízo mais simples ainda, o qual poderá permitir a busca de outro juízo que assegure a certeza do enunciado por ser evidente, impondo-se como presença imediata ao espírito.

O pensamento, ao proceder essa redução certificadora, até atingir juízos irredutíveis a outros, gera um *princípio*. Princípios são, pois, verdades ou juízos funda-

---

[59] CARNELUTTI, Francesco. *Diritto e processo nella teoria delle obbligazioni*. Padova: CEDAM, 1938, p. 37.

[60] SILVA, José Afonso da. *Princípios do processo de formação das leis no direito constitucional*. São Paulo: Revista dos Tribunais, 1964, p. 34.

mentais, que servem de alicerce ou de garantia de certeza a um conjunto de juízos, ordenados em um sistema de conceitos relativos à dada porção da realidade. Observa a propósito José Afonso da Silva:[61]

"As vezes também se denominam princípios certas proposições que, apesar de não serem evidentes ou resultantes de evidências, são assumidas como fundantes da validez de um sistema particular de conhecimentos, como seus pressupostos necessários".

Assim, a principiologia jurídica fundamenta o estudo do direito.

Princípios gerais do direito, por exemplo, são premissas que determinam a orientação a que o legislador se sujeita para a feitura das leis. São regras incorporadas ao patrimônio cultural e jurídico de um povo, constituindo o substrato das diversas normas positivas. Constituem fonte subsidiária de direito das quais o juiz se serve para suprir as deficiências legislativas. Não são, portanto, meras idéias filosóficas ou princípios meramente éticos e, sim, princípios que se acham consubstanciados no direito positivo de um povo em dada época. O princípio que veda o enriquecimento sem causa é um princípio geral do direito, pois, embora não haja um dispositivo que o mencione expressamente, é a conseqüência lógica que se extrai da legislação encarada como um todo, notadamente das leis contra usura e outras. Esses são princípios jurídicos.

O conhecimento que se tem dos primórdios do Direito leva a concluir-se que o surgimento desses princípios ocorreu lenta e gradativamente, na consciência do povo e do legislador, a partir dos primeiros costumes e, posteriormente, das primeiras leis, e, só depois de considerá-los maduros, passaram a exarar o direito normati-

---

[61] SILVA, José Afonso da. *Op. Cit.*, p. 36.

vo correspondente às diversas injunções jurídicas que se lhes foram apresentando.

3.3. INTERAÇÃO ENTRE PRINCÍPIOS E NORMAS

Distinção da mais alta importância e bastante despercebida é a que trata da diferença entre sistema normativo e sistema de normas.

O Direito Positivo, como ordenamento jurídico, é um sistema normativo, e não um sistema de normas. Este é contido naquele. O sistema jurídico abriga normas e outros entes legais (qualificações, conceitos, definições e princípios).

A conceituação deixa à mostra o fato de que um sistema jurídico positivo, que por sua própria natureza é um sistema normativo, não é constituído exclusivamente por normas. Com efeito, o Direito Positivo é um "Sistema Normativo em que ao lado das normas de variados tipos, aparecem descrições conceituais, atributivas e uma principiologia".[62]

Ora, tanto a norma geral como os princípios de Direito, que afloram dos multifários aspectos da vida sociojurídica, vêm a ser o fulcro básico, os instrumentos da avaliação e aplicação a serviço da Justiça. Por outro lado, esse duplo mecanismo de aplicação da Justiça que, se desligado de qualquer correlação com a realidade concreta, tão geral e aparentemente abstrato se nos apresenta, passa a assumir feições as mais diversas e particularizadas quando aplicadas às instituições e aos problemas jurídicos que elas oferecem.

O Direito é, assim, um sistema normativo que correlaciona uma hipótese determinada a uma solução normativa. Portanto, para qualificar um sistema como

---

[62] COELHO, Sacha Calmon Navarro. *Normas jurídicas*. Revista de Direito Público nº 78 - abril/junho, 1986, pp. 36, 37 e 38.

normativo basta que entre os seus enunciados haja uma norma vinculando um fato com uma permissão, uma proibição ou uma obrigação.

As normas jurídicas compõem um sistema-ordenamento jurídico. Constituição, leis, regulamentos, decretos, contratos, sentenças, atos administrativos não se encontram isolados, mas mutuamente entrelaçados. Sem isso, não se poderia falar de sistema, de ordenamento jurídico.

Se temos em mira que esse enlace normativo de fundamentação e derivação cria uma hierarquia entre as normas - mais gerais acima e as mais particulares, até a norma individualizada (sentença, contrato) abaixo - poderemos visualizar a estrutura hierárquica como uma pirâmide.

Todo conjunto harmônico de regras positivas é apenas o resumo, a síntese, o *substratum* de um complexo de altos ditames, o índice materializado de um sistema orgânico, a concretização de uma doutrina, uma série de postulados que enfeixam princípios superiores, constituindo as diretivas idéias do hermeneuta, os pressupostos científicos da ordem jurídica.

O legislador, na realidade, só impôs uma condição no tocante às relações entre os princípios gerais e as regras particulares e legais de direito, isto é, a condição de que - entre estas e aqueles - não haja desacordo, ou antinomia.

Tal condição baseia-se na natureza do sistema jurídico, "que deve formar um conjunto só e coerente, um verdadeiro organismo lógico, suscetível de oferecer uma diretriz segura, não equívoca, que não comporte qualquer solução contraditória para qualquer relação social possível", comenta Vicente Ráo,[63] concluindo que:

"[...] o conhecimento particular e específico (por exemplo, de um determinado tipo de contrato)

---

[63] RÁO, Vicente. *O direito e a vida dos direitos*. São Paulo: Resenha Universitária, 1976, v. I, T. II, p. 235.

supõe, como é natural, um conhecimento correspondente mais amplo (por exemplo, a noção geral do contrato); e, embora o primeiro preceda ao segundo no tempo, aquele conhecimento fica subordinado a este logicamente, e a ele se relaciona como a seu princípio natural. Por isso, as regras particulares de direito não são inteligíveis senão quando colocadas em relação com os princípios dos quais decorrem, ainda que estes princípios não sejam formulados nos códigos".

Não menos importantes que as definições legais são os princípios que, na maioria das vezes, não possuem o *status* de lei, mas são aplicados pelos intérpretes e julgadores com intensidade, fazendo parte do direito enquanto fenômeno regular da vida em sociedade. É verdade que um princípio pode estar enunciado no vernáculo dos códigos, mas isso não é absolutamente necessário.

Para bem se compreender o valor dos princípios em um ordenamento jurídico, há de se partir da observação de que a lei é um ato de vontade emanada dos cidadãos, através dos órgãos aos quais é conferida a tarefa de legislar. Essa volição não pode ser entendida como sendo de sentido estrito, porque, além de ser mais ou menos abstrata, há de se integrar ao sistema jurídico instituído pela Nação, e atuar como força viva dos sentimentos do povo a quem ela se destina.

Uma das primeiras regras gerais que mediante a observação dos fatos pode-se extrair é a "do respeito à palavra dada". Sem tal princípio, seria difícil e mais insegura a vida; "a confiança facilita a adaptação humana, torna menos vão o esforço para viver. O perseverar na promessa serve, pois, à adaptação do outro ou dos outros, que a conseguiram", ensina Pontes de Miranda.[64]

---

[64] PONTES DE MIRANDA, Francisco C. *Sistema de ciência positiva do direito*. Rio de Janeiro: Borsoi, 1972, T. II, p. 222.

Em relação à matéria, Eduardo Espínola[65] aduz:

"Os princípios gerais de direito são os que correspondem àquele ordenamento imanente à relações da vida (natureza das cousas), na qual o próprio legislador vai haurir os seus mandamentos; têm um caráter universal, perdurando uns através dos tempos, outros se modificando, para acomodarem-se à evolução das instituições sociais, políticas, morais, econômicas, de que resultam sérias transformações na ordem jurídica".

No direito brasileiro, está previsto o princípio de que o juiz deve aplicar a lei levando em conta os fins sociais a que se destina (art. 5º da Lei de Introdução ao CCB). Nesse caso, o princípio está legalmente incorporado ao Direito posto. É o caso, ainda, do chamado princípio da legalidade, pelo qual ninguém está obrigado a fazer, ou deixar de fazer alguma coisa, a não ser em virtude de lei (art. 5º, II, da Constituição Federal).

Observa-se que, ao consagrar de forma ampla o princípio da legalidade, ratifica a Constituição, mais uma vez, o princípio da liberdade, que no plano do Direito Civil, respeitados os limites infra-indicados, tem o nome de *autonomia privada*, ou liberdade contratual, forma mais freqüente de exercício da própria liberdade.

Assim, alguns desses princípios revestem-se de tamanha importância que o legislador lhes confere força de lei, com a estrutura de modelos jurídicos, inclusive no plano constitucional, consoante dispõe a Constituição Pátria sobre os princípios de isonomia (igualdade de todos perante a lei - art. 5º, *caput*), de irretroatividade da lei para proteção dos direitos adquiridos (art. 5º, XXXVI).

Sem embargo, outros princípios existem e são aplicáveis, apesar de não estarem formalmente previstos.

---

[65] ESPÍNOLA, Eduardo e ESPÍNOLA FILHO, Eduardo. *Lei de introdução ao código civil brasileiro*: comentada. São Paulo: Freitas Bastos, 1943, v. I, p. 145.

Nem por isso encontram-se fora do ordenamento jurídico. Podem-se elencar alguns - expressos ou implícitos - tais como: não se permitir o exercício abusivo do direito; negar-se proteção judicial a quem alega em Juízo a própria torpeza; a proscrição da interpretação analógica das leis fiscais e penais; consultar, em matéria de menores, o interesse dos mesmos; dever-se atender primeiramente - em matéria de serviço público - a sua continuidade; constituir o contrato lei entre as partes, mas não prevalecer ante as leis do Estado; não dever a responsabilidade ser presumida, mas expressa na lei; declarar o Juiz a inconstitucionalidade de uma lei, quando seja inevitável; reconhecer, em matéria cambial, no endosso, a função de assegurar celeridade aos negócios; vedar decreto de nulidade pela própria nulidade (nenhuma nulidade sem prejuízo); decidir-se em caso de dúvida, a favor do réu (*in dubio pro reo*); prescrever, em matéria juslaboral, a interpretação do contrato de trabalho a favor da estabilidade e continuidade do vínculo, e não a sua dissolução.

Fácil é perceber que, sendo elementos condicionadores da experiência jurídica, podem os princípios ter as mais diversas origens, consubstanciando exigências de ordem ética, ou de caráter técnico. Eles se abrem num leque de preceitos fundamentais - a intangibilidade dos valores da pessoa humana, vista como fulcro de todo o ordenamento jurídico; autonomia da vontade e liberdade de contratar; boa-fé como pressuposto da conduta jurídica; proibição de locupletamento ilícito; equilíbrio dos contratos, com a condenação de todas as formas de onerosidade excessiva para um dos contratantes; função social da propriedade; economia das formas e dos atos de procedimento; proteção da rápida circulação das riquezas e crescente normalização do crédito; exigência de justa causa nos negócios jurídicos; pressupostos da responsabilidade civil ou penal. São suficientes tais exemplos para verificar-se que princípios de direito não são preceitos de ordem moral ou econômica, mas, sim, esquemas que se inserem na experiência jurídica, convertendo-se, desse modo, em elementos componentes do Direito.

O que caracteriza os princípios é que não estabelecem um comportamento específico, mas uma meta, um padrão. Tampouco exigem condições para que se apliquem. Antes, enunciam uma razão para a interpretação dos casos. Servem, outrossim, como pauta para a interpretação das leis, a elas sobrepondo-se.

A harmonia das diversas partes componentes do sistema jurídico deve ser experimentada e confirmada a cada instante, aproximando-se as regras particulares entre si e relacionando-as com os princípios gerais a que se prendem. Só assim se poderá compreender o espírito do sistema e observá-lo em suas aplicações particulares, evitando os erros que se produziriam, caso ele se contentasse em considerar, de um modo geral, apenas, esta ou aquela regra em si mesma.

Para bem entender o valor dos princípios em um ordenamento jurídico, há de se partir da observação de que, nos Estados contemporâneos, a lei é um ato de vontade emanado dos cidadãos através dos órgãos aos quais é confiada a tarefa legislativa. Essa volição não pode ser entendida como sendo de sentido estrito, porque, além de ser mais ou menos abstrata, há de se integrar ao sistema jurídico instituído pela Nação e atuar como força viva dos sentimentos do povo a quem ela se destina.

3.4. PRINCÍPIOS NORTEADORES DAS RELAÇÕES OBRIGACIONAIS

A ciência jurídica, conforme exposto, usa elementos tipológicos com grande freqüência. Pode-se dizer mesmo que o Direito, dentre as ciências do espírito, é aquela que mais necessita de elementos classificatórios, de esquemas ideais ou de modelos, que prefigurem normativamente a conduta possível, reputando-a lícita ou ilícita.

A razão dessa necessidade tipológica prende-se aos elementos de certeza e de segurança reclamados pela vida jurídica. Daí por que também possui princípios, porque não é possível haver ciência não fundada em pressupostos. Princípios esses que se estendem em todas as áreas do Direito, em suas mais diversas províncias e fundamentam as relações jurídico-contratuais. Coerente com essa sistematização, a disciplina normativa do regime contratual está sedimentada sobre princípios básicos que lhe são reconhecidos.

É absolutamente exato que a matéria das obrigações é a mais teórica de todas as áreas do Direito, formando o domínio principal da lógica jurídica. O caráter abstrato das formas, a facilidade que oferecem à discussão e aos arrazoados de pura lógica, prestam a esta parte do Direito uma característica especial.

A liberdade de conclusão contratual compreende a possibilidade para as partes contratantes de, recíproca e livremente, escolherem com quem contratar, onde contratar e quando contratar. Também, a liberdade de escolher a categoria contratual que compreende a possibilidade para o indivíduo de optar por um dos tipos disciplinados na lei ou tipo misto, de fundir tipos, de criar tipos novos, de ampliar ou reduzir o tipo legal. Essa liberdade deflui do caráter da tipicidade contratual: *numerus apertus*.

Rudolf Von Jhering[66] fala de três princípios fundamentais do Direito: *autonomia*, *igualdade*, e o binômio *força e liberdade*. A liberdade de contratar envolve nos seus dois termos a expressão de duas idéias sucessivas

---

[66] JHERING, Rudolf Von. *A finalidade do direito*. Tradução por José A. de Faria Corrêa. Rio de Janeiro: Forense, 1979, v. I, p. 71.

de sinais opostos. Por um lado, exprime a faculdade de os indivíduos formularem livremente as suas propostas contratuais e decidirem sobre a adesão às propostas que outros lhes apresentem. As pessoas são livres na decisão de contratar, na escolha da pessoa com quem hão de contratar e na sua própria retratação enquanto a proposta não chega ao poder do destinatário (art. 1.514 do CCB).

Por outro lado, a liberdade de que se trata aponta a criação do contrato. E o contrato é um instrumento jurídico vinculativo, é um ato com força obrigatória. É *a lex contractus*. Liberdade de contratar é, por conseguinte, a faculdade de criar um pacto que, uma vez concluído, nega a cada uma das partes a possibilidade de se afastar (unilateralmente) dele - *pacta sunt servanda* -, na medida em que a promessa livremente aceita por cada uma das partes cria fundadas expectativas junto da outra, e o acordo realiza fins dignos da tutela do direito.

À liberdade da livre ordenação dos interesses recíprocos das partes, sucede a necessidade de proteção da confiança de cada uma delas na validade do pacto firmado.

Atribuindo força vinculativa ao acordo das partes, extraem-se do princípio da autonomia da vontade as conseqüências que ele logicamente comporta no campo da criação do Direito.

É, portanto, no sentido complexivo resultante das considerações precedentes - livre criação de um ato vinculativo para cada um dos contraentes - que cumpre interpretar a liberdade de contratar conjugada com a respectiva garantia legal da igualdade entre as partes.

Um dos princípios mais referidos é *o princípio da equivalência*, que prove o equilíbrio entre as partes. A ele referiu-se, principalmente, Von Jhering.[67] Este princípio era o fundamento da teoria escolástica do *justum pretium*: segundo os canonistas, quando o preço não fosse "justo",

---
[67] JHERING, Rudolf Von. *Op. Cit.*, p. 72.

o comprador poderia invocar lesão e requerer a anulação do contrato.

A intenção de receber o equivalente para cada prestação e de permutar uma pela outra como valores iguais (a prestação e a contraprestação), caracteriza o contrato recíproco, sinalagmático. Consequentemente, no âmbito da autonomia privada, o negócio jurídico assim realizado destina-se a propiciar justiça através do equilíbrio entre a prestação e a contraprestação. Com essa finalidade é constituído para apreciação subjetiva pelas partes no que diz respeito ao valor correspondente às prestações prometidas, e não para qualquer equivalência a ser apurada objetivamente.

Serviço e remuneração, dano e prestação do equivalente, são elementos assaz conhecidos e que, por isso mesmo, dispensam longas considerações sobre o princípio da equivalência. O clássico escritor citado houve por bem explicá-lo como aplicação da lei da causalidade à vida jurídica e econômica: não há efeito sem causa; e das causas vêm os efeitos. Essa ligação desatende a conceito mais científico, que é o da função. Às vezes, tem-se como causa o que não é.

O art. 868 do Código Civil dispõe: "Até a tradição pertence ao devedor a coisa, com os seus melhoramentos e acrescidos, pelos quais poderá exigir aumento no preço. Se o credor não anuir, poderá o devedor resolver a obrigação". A referida norma evidencia o princípio da equivalência. Trata-se de uma regra dimanente do princípio da justiça comutativa. Se houver, portanto, melhoramento ou acréscimo, confere-se ao devedor da prestação a pretensão de poder exigir aumento de preço. Nos termos do citado artigo, se o credor não anuir, poderá o devedor utilizar-se do direito formativo extintivo de resolvê-la.

A mencionada teoria acabou desacreditada, no entendimento de Fernando Noronha,[68] não tanto pelas

---

[68] NORONHA, Fernando. *O direito dos contratos e seus princípios fundamentais*. São Paulo: Saraiva, 1994, p. 222.

dificuldades de determinação do justo preço, apesar de estas efetivamente serem grandes, mas pela força das concepções individualistas liberais, defendendo que cada um respondesse por seus atos, não devendo a lei permitir a invalidação de vendas só porque o vendedor as alienara por baixo preço.

A proibição de ofender, *neminem laedere*, é um dos princípios fundamentais da ordem social. Mas é um princípio formal, pressupõe a determinação concreta do que é "meu" e do que é "teu", de modo que pode um ato ser ofensivo num tempo ou lugar, e não ser noutro tempo ou lugar.

O que se induz da observação dos fatos é que, em todas as sociedades, o que se tem por ofensa não deve ficar sem satisfação, sem ressarcimento. Em vez do absolutismo, tão propício aos processos racionalistas de estudo do Direito, deve-se assentar, mais uma vez, a relatividade social e jurídica. O *neminem laedere* (a ninguém lesar) é, pois, um desses princípios que sintetizam a realidade formal do Direito; como ao *ius suum cuique tribuere* (dar a cada um o que lhe é de direito) e aos outros, falta-lhe o conteúdo positivo. Em todo o caso, eles o pressupõem, e em qualquer estágio da vida social serão inteligíveis, posto que, como as fórmulas algébricas, só dão o que puserem dentro deles. Se nada puserem, nada terão, porque as abstrações servem a tudo.

3.5. FIXAÇÃO DE PRINCÍPIOS BÁSICOS

A liberdade de contratar sofre limitações impostas pelos princípios gerais que orientam e disciplinam o Direito dos contratos. Isso embasado na afirmação de que os contratos exercem uma função social, o que quer significar que devem ser socialmente úteis e, pela relevância e sentido dessas relações, haja interesse público na sua tutela.

Aliás, neste século XX, são as próprias Constituições que fazem questão de referir à função social dos direitos, em especial ao direito de propriedade e, como diz o Professor Miguel Reale,[69] "o reconhecimento da função social do contrato é mero corolário dos imperativos constitucionais relativos à função social da propriedade e à justiça que deve presidir à ordem econômica".

O Projeto de Código Civil (Projeto de Lei n. 634-B, de 1975) dispõe no seu art. 421 que "a liberdade de contratar será exercida em razão e nos limites da função social do contrato". O citado Projeto ainda não é lei, mas a função social do contrato não será, com certeza, instituída por ele; se chegar a ser convertido em lei, ninguém evidentemente sustentará que os contratos anteriores à data de sua vigência não tinham função social.

Nem a função social do contrato é descoberta do Projeto, nem é privativa dos contratos; todo direito tem uma função social que dispensa referência expressa. Todo direito só pode ser legitimamente exercido em harmonia com a finalidade para a qual é reconhecido aos particulares, que é sempre e necessariamente social.

Ora, o negócio jurídico só pode ser concebido em termos econômicos e sociais. As obrigações resultantes de contratos (e dos negócios jurídicos) valem juridicamente. São tuteladas pela lei, não apenas porque as partes as assumiram, mas, principalmente, porque interessa à sociedade a tutela da situação criada, em razão das conseqüências econômicas e sociais que produzem.

Se o direito de crédito visa a satisfazer um interesse do credor, seja ele patrimonial ou moral, acima deste sempre estará o interesse geral, ou bem comum - de que

---

[69] REALE, Miguel. *O projeto de código civil*: situação atual e seus problemas fundamentais. São Paulo: Saraiva, 1986, p. 32.

já falavam Aristóteles[70] e São Tomás de Aquino[71] - qualquer que seja o conteúdo dado a estas expressões na sociedade real, dividida por conflitos de interesses e valores, fortemente influenciada pelas ideologias dominantes. Por isso, o seu exercício também está sujeito a controle, do ponto de vista de tal interesse geral.

Aristóteles extraía o direito da observação que fazia dos grupos sociais; o direito era resultado de uma divisão social dos bens. A seu juízo, as sociedades eram naturais.

Todo direito só pode ser legitimamente exercido em harmonia com a finalidade para a qual é reconhecido aos particulares, que é sempre e necessariamente social. No pensamento tomista, vislumbra-se, inegavelmente, a idéia de que a propriedade, tida como *bem de produção*,[72] e não como bem inserido na riqueza de alguém, sem outra finalidade que a não-especulativa, contém em si uma função social, isto é, uma preocupação com o bem-estar comum, de modo a conduzir o seu uso às melhores formas de justiça.

Ao estudar a evolução da teoria das obrigações, certos autores se omitem de tratar dos princípios que regem, de modo amplo e genérico, as obrigações contratuais. Outros, porém, os classificam com minudente teor analítico.

Carlos Alberto Bittar[73] elenca o princípio da autonomia da vontade - princípio nuclear do universo contratual - ("significa o poder de auto-regulamentação de interesses privados, diante dos pressupostos de liberda-

---

[70] ARISTÓTELES. *Ética a nicômanos*. Tradução do grego, introdução e notas de Mário da Gama Kury, 3 ed. Brasília: Universidade de Brasília, 1985, pp.19, 23 e 92.

[71] AQUINO, São Tomás de. *Suma teológica*. Tradução de Alexandre Corrêa, 2 ed. Porto Alegre: Sulina, 1980, v. V, pp. 2482-2483.

[72] VILLEY, Michel. *Estudios en el torno a la nocion de derecho subjetivo*. Chile: Ediciones Universita de Valparaiso, 1976, p. 203.

[73] BITTAR, Carlos Alberto. *Direito dos contratos e dos atos unilaterais*. Rio de Janeiro: Forense, 1990, pp. 33-40.

de e de igualdade entre os titulares de direitos"); do consensualismo ("bastando para a perfeição do contrato, o acordo de vontades"); da obrigatoriedade ("impõe às partes o adimplemento"); da relatividade de efeitos ("o contrato apenas produz conseqüências nos patrimônios das partes") e, por último, da boa-fé ("as partes devem pautar sua atuação em consonância com a lealdade e com a confiança recíprocas que a vida das relações impõe").

Para Orlando Gomes,[74] o Direito dos contratos repousa em quatro princípios: da autonomia da vontade; do consensualismo; da força obrigatória; da boa-fé. Acrescenta, quanto ao princípio da boa-fé, que o mesmo "atende mais com a interpretação do contrato do que com a estrutura".

Já Limongi França[75] citando a doutrina tradicional, elenca o princípio da autonomia da vontade; o da supremacia da ordem pública; o da obrigatoriedade, e propõe o acréscimo de um quarto princípio - o da relatividade da obrigação contratual.

Nesse sentido, também, Caio Mário da Silva Pereira,[76] ao analisar a função social do contrato, menciona o princípio de obrigatoriedade; do consensualismo e destaca a autonomia privada e a intervenção do Estado, encarada esta em dois aspectos - das restrições ditadas pela ordem pública e pelos bons costumes, e do dirigismo contratual.

No estudo que faz sobre a liberdade contratual, Karl Larenz[77] esclarece que o ordenamento jurídico considera, em princípio, como vinculantes, aqueles contratos livremente concluídos pelas partes equiparadas juridicamente, com ele outorgando ao indivíduo a possi-

---

[74] GOMES, Orlando. *Contratos*. 3 ed. Rio de Janeiro: Forense, 1971, p. 25.
[75] FRANÇA, Limongi. *Manual de direito civil*. São Paulo: Revista dos Tribunais, 1976, v. IV, T. II, p. 22.
[76] PEREIRA, Caio Mário da Silva. *Op. Cit.*, pp. 16-17.
[77] LARENZ, Karl. *Op. Cit.*, T. I, pp. 74-75.

bilidade de adotar uma atividade criadora de direito no âmbito privado, mediante a configuração coincidente das relações jurídicas recíprocas, como expressão da que se convencionou chamar autonomia da vontade.

Sem citar como "princípios", aponta os limites impostos à configuração de ditas relações, a saber: as normas legais coativas; os bons costumes; os contratos proibidos; os contratos de conteúdo regulamentado; os contratos que necessitam do assentimento recíproco; a boa-fé.

O acordo de vontades é, sem dúvida, a força propulsora do evento jurídico, e o vínculo obrigacional que dita força acarreta imediatamente, é o resultado jurídico da atuação volitiva dos agentes. Os que contratam assumem, por momento, toda a força jurígena social. Percebendo o poder obrigante do contrato, o contraente sente em si o impulso gerador da norma de comportamento social, e efetiva este impulso.

Pontes de Miranda[78] reconhece que o direito privado permite aos homens e às pessoas jurídicas um "poder considerável *para a constituição de negócios jurídicos*" a que chama de *"auto-regramento da vontade"*. E esclarece:

"O princípio de que se parte é o do auto-regramento da vontade (dito da autonomia privada), mas os sistemas jurídicos estabelecem regras jurídicas cogentes, dispositivas e interpretativas para que algo se tenha de atender, ou se atenda, se o manifestante da vontade não disse diferentemente do que a lei edictou, ou se há dúvida sobre o que ele disse".

Quando se refere ao princípio da obrigatoriedade, embora não o cite expressamente como princípio, Pontes[79] trata-o dentro dos padrões tradicionais, vinculado ao *"consenso"*, entendendo que é essencial à conclusão do negócio jurídico bilateral, como no negócio jurídico

---

[78] PONTES DE MIRANDA, Francisco C. *Op. Cit.*, T. XXIII, p. 5.

[79] PONTES DE MIRANDA, Francisco C. *Ibid.*, T. XXXVIII, pp. 51 e ss.

Os autores consultados fazem referência ao princípio da liberdade contratual, seja isoladamente, seja integrado ao princípio da autonomia privada. Todos estão de acordo que a liberdade contratual é o princípio-regra, e fazem intervir a noção de "ordem pública" como limite ou restrição dessa liberdade.

Aos demais princípios é dado maior ou menor relevo de uns em relação aos outros, considerando a posição teórico-doutrinária adotada pelos autores. As preocupações com a justiça contratual são assentes entre os civilistas, mas, sintomaticamente, nenhum o considera como sendo princípio fundamental das relações obrigacionais.

Qualquer que seja, porém, a conceituação que se tenha da relação obrigacional contratual, existem alguns princípios que tradicionalmente são admitidos como fundamentais a respeito desse instituto jurídico, tais como:

- O Princípio da Autonomia Privada
- O Princípio do Consensualismo entre as Partes
- O Princípio da Relatividade dos Efeitos
- O Princípio da Obrigatoriedade das Convenções
- O Princípio da Boa-fé

4. Caracterização dos princípios básicos

4.1. PRINCÍPIO DA AUTONOMIA PRIVADA

Vive-se em ambiente de contínua iniciativa particular, privada, ou em movimentos grupais. Os sistemas jurídicos apenas põem no seu mundo, dito mundo jurídico, parte dessa atividade. Todavia, não a prendem de todo, reconhecendo aos indivíduos o poder de desempenhar um papel preponderante na determinação e regulamentação de seus próprios interesses, de suas próprias relações, através de atos de autonomia.

O Direito Romano consagrou a *lex privata* como primeira forma de expressão do *ius civile*. A *lex* era uma declaração solene, forma de expressão do Direito Privado, conforme disposta na *Lei das XII Tábuas*: *uti lingua nuncupassit, ita ius*. Depois da *lex privata* é que surge a *lex publica*, quando aprovada pelo povo, nos comícios, uma proposta do magistrado. Consagrava-se, assim, o poder jurígeno da vontade individual.

Logo em seguida, o cristianismo coloca o homem no centro das reflexões de ordem religiosa, filosófica e social, e dogmatiza, no Direito Canônico, a declaração da vontade como fonte de obrigações jurídicas.

O contratante é obrigado, por sua própria consciência, a respeitar a palavra dada, o que implica a necessidade do consentimento das partes não estar viciado; é importante, também, que não se configure o enriquecimento injusto, de onde a idéia de lesão e a de usura consagradas pelos canonistas. É preciso, enfim, que não se tenha dado a palavra por causa ilícita ou imoral e, reconhecendo como pecado a violação da palavra dada, é consagrado o acordo de vontades como fonte de obrigações morais e religiosas.

Com os glosadores, firma-se o princípio da autonomia da vontade no Direito Internacional Privado, atribuindo aos particulares o poder de escolher a lei aplicável aos seus contratos. A vontade particular passa a estabelecer o critério de solução dos conflitos de leis em matéria contratual e, assim, a ser fonte normativa. O que era para os internacionalistas uma noção puramente técnica passou a ser para os civilistas um conceito teórico, traduzindo a convicção para alguns autores de que a vontade pode, como a lei, criar direitos.

O princípio da autonomia da vontade consiste na prerrogativa conferida aos indivíduos de criarem relações na órbita do direito, desde que se submetam às regras impostas pela lei, e seus fins coincidam com o interesse geral, ou não o contradigam. Desse modo, qualquer pessoa capaz pode, através da livre manifestação de vontade, tendo objeto lícito, criar relações a que a lei empresta validade.

Torna-se, dessa forma, possível às pessoas, mediante comportamentos adequados, constituir, modificar ou extinguir relações jurídicas, influindo sobre os direitos, deveres ou situações delas emergentes.

O reconhecimento do valor da vontade jurídica, assim, embasa a exaltação do valor do indivíduo, da personalidade humana. Por isso, não é de se estranhar que a vontade jurídica tenha alcançado seu apogeu e respeitabilidade na Revolução Francesa. Com ela consagrou-se definitivamente o princípio da autonomia da vontade, chamado, também, de autonomia privada.

Vale referir que a *teoria da vontade*, que remonta a Savigny, vê a essência do contrato (e, em geral dos negócios jurídicos) na vontade criadora das partes, sustentando, em conseqüência, que ele não deve produzir efeitos quando houver divergência entre a vontade interna e a declarada, nem quando a primeira houver sido viciosamente formada, ainda que por simples erro, porque, neste caso, o negócio seria como um corpo sem alma.

A concepção da vontade soberana no contrato, portanto, tem sua raiz no Direito Canônico, foi sustentada pela Escola do Direito Natural e pelos filósofos do século XVIII, sendo exaltada, posteriormente, pelos partidários do individualismo liberal no século XIX.

Dito princípio foi acolhido pelo Código de Napoleão de 1803 (art. 1.134), bem como pelos Códigos do México de 1870 (art. 1.535) e de 1884 (art. 1.419), dentre outros.

Todos reconhecem realmente que, nos sistemas modernos, a vontade individual pode produzir conseqüências jurídicas, não somente no âmbito dos negócios individualmente disciplinados pela lei (contratos nominados), mas, também, sempre que o negócio jurídico seja determinado por um escopo lícito, isto é, sempre que o negócio por ela criado tenha uma finalidade que a lei e a consciência social considerem lícita. Entretanto, o desafio permanente que se coloca no campo do direito é a busca do perfeito equilíbrio entre a liberdade contratual e a igualdade entre as partes.

4.1.1. Parâmetro entre autonomia e heteronomia

A doutrina mais criteriosa faz uma investigação para definir, exatamente, em que consiste a autonomia privada, ou melhor, para delimitar as características desta particular figura de "poder", estabelecendo a distinção entre esse e os demais poderes jurídicos. Esta análise efetiva-se tendo por base os mesmos critérios com que se delimitam o Direito Público e o Direito Privado. Fundamenta-se no fato de que os poderes públicos são exercitados sempre sobre partes, isto é, são poderes heterônomos, enquanto a autonomia privada é um poder exercitado entre partes iguais.

Os léxicos definem *autonomia* como propriedade pela qual o homem pretende poder escolher as leis que regem sua conduta; e *heteronomia*, condição de pessoa ou de grupo que recebe, de um elemento exterior ou de um princípio estranho à razão, a lei a que se deve submeter.

Para a doutrina kantiana, a vontade é autônoma quando ela dá a si mesma sua própria lei; é heterônoma quando recebe passivamente a lei de algo ou de alguém e não é dela mesma. Pois bem, todas as éticas que a história conhece, e nas quais os princípios da moralidade são encontrados em conteúdos empíricos da ação, resultam necessariamente heterônomos; consistem em apresentar um tipo de ação para que o homem ajuste a ele sua conduta.

Mas por que o homem ajustará a sua conduta a esse tipo de ação?

"Por que terá em consideração as conseqüências que esse tipo de ação vai acarretar. As éticas de mandamentos, de castigos, de penas e recompensas são sempre heterônomas, porque nesse caso afundamento determinante da vontade é sempre a consideração que o sujeito há de fazer daquilo que lhe vai acontecer se cumpre ou não cumpre", esclarece Manuel García Morente.[80]

Portanto, somente é autônoma aquela formulação da lei moral que coloca na vontade mesma a origem da própria lei. Isso obriga a que a própria lei que se origina na vontade mesma não seja uma lei de conteúdo empírico, mas uma lei puramente formal.

---

[80] MORENTE, Manual García. *Fundamentos da filosofia*. Lições preliminares. São Paulo: Mestre Jou, 1967, v. I, p. 255.

A autonomia privada seria, segundo a clássica definição de Santi Romano, citado por Luigi Ferri,[81] "el poder de darse un ordenamiento, es decir, de crearlo por si mismo para si mismo, mientras que la heteronomia seria el poder de crear un ordenamiento para otros".

Ferri ainda reconhece a *incongruência* da contraposição formal *autonomia-heteronomia* para fundamentar a distinção entre formação privada e formação pública do direito. Admite que também no Direito Privado e, em particular, nos negócios jurídicos, pode dar-se a formação heterônoma do direito (como, por exemplo, relação de trabalho subordinado), enquanto, de outra parte, no Direito Público, não faltam exemplos de formação autônoma de direito. E essa incongruência demonstra, com evidência, os modernos ordenamentos democráticos nos quais os sujeitos concorrem, ainda que de forma indireta, na formação das leis a que devem estar todos submetidos.

O contrato de conteúdo predeterminado, em sua essência, não é mais instrumento de autonomia: parece converter-se em instrumento normativo. À medida que esse contrato avança, o espaço da autonomia reduz-se e, cada vez mais, se amplia o espaço de heteronomia.

A concepção do contrato como fato jurídico, como criador ou produtor de relações jurídicas, ainda persiste, segundo a doutrina, naqueles negócios em que a vontade é nuclear na composição do suporte fáctico negocial, onde o componente social não é dominante, e existe autonomia da vontade. Todavia, naqueles contratos onde o componente social passou a ser dominante, e a vontade é desconsiderada ou não exerce um papel nuclear, a função é outra.

---

[81] FERRI, Luigi. *La autonomia privada*. Tradución y nota de Derecho español por Luis Sancho Mendizábal. Madrid: Editorial Revista de Derecho Privado, 1969, p. 332.

A autonomia é, portanto, o poder de os iguais se auto-regularem; já a heteronomia é o poder de o Estado criar normas para os outros.

Conjugando esses dois fatores, pode-se dizer que a autonomia privada consiste na liberdade de as pessoas regularem, através de negócios jurídicos, até unilaterais quando possíveis, os seus interesses, em especial quanto à produção e à distribuição de bens e serviços.

O peso do elemento *vontade individual* ou do elemento *social* é que fornecerá um parâmetro seguro. No contexto atual, consequentemente, quer parecer que o direito se inclina muito mais à tese da função normativa, pelo menos quanto aos contratos.

4.1.2. Noção de autonomia privada

A livre configuração das relações privadas é o ponto de partida para assegurar a satisfação conveniente dos interesses individuais. Nem poderia um sistema jurídico que aspirasse ao asseguramento de um mínimo de liberdade aos cidadãos, prever todas as hipóteses relacionais; esgotar a tipologia de que o comportamento humano pode-se revestir, na infinita variabilidade decorrente do trato social; exaurir todas as possibilidades e sujeitar, em tudo e por tudo, o destinatário do comando jurídico a esquemas rígidos e imutáveis.

Enquanto, a respeito de outras matérias, o espaço deixado à vontade é sem relevância para o direito, no âmbito da autonomia privada, o espaço que se deixa à vontade é relevante. É interior, portanto, às linhas traçadas pelas regras jurídicas cogentes, como espaço em branco cercado pelas regras que o limitam.

Na lição de Larenz,[82] define-se como a "possibilidade, oferecida e assegurada aos particulares pelo ordena-

---

[82] LARENZ, Karl. *Tratado de derecho civil alemán*: derecho civil (parte geral). Madrid: Editoriales de Derecho Reunidas, 1978, p. 55.

mento jurídico, de eles próprios regularem suas relações mútuas dentro de determinados limites por meio de negócios jurídicos, em especial mediante contratos, recebe a denominação de autonomia privada".

Como conseqüência da liberdade de cada indivíduo, pode definir-se a autonomia da vontade como um princípio de Direito Privado que permite aos particulares executar os atos jurídicos que desejam, e determinar livremente seu conteúdo e efeitos, observadas, todavia, certas limitações. Ou, mais sucintamente, traduz-se o princípio como o poder reconhecido aos particulares de eleger, mediante manifestações adequadas de vontade, a disciplina das próprias relações, segundo as respectivas conveniências, sob a tutela da ordem jurídica.

Entende-se por *autonomia da vontade*, a *facultas*, a possibilidade - embora não ilimitada - que possuem os particulares para resolver seus conflitos de interesses, "criar associações, efetuar o escambo dos bens e dinamizar, enfim, a vida em sociedade. Para a realização desses objetivos, as pessoas vinculam-se, e vinculam-se juridicamente, através de sua vontade", como refere, com invulgar talento, Clóvis do Couto e Silva.[83]

De acordo com esse princípio, as partes são livres para realizar ou não realizar contratos e, ao celebrá-los, o fazem livremente e no mesmo plano de igualdade, pondo-se de acordo entre si, fixando os termos do acordo, determinando o seu objeto, buscando, assim, atingir os seus interesses.

O conteúdo material da autonomia privada está exatamente nesta "disponibilidade", como assinala Nawiasky,[84] ou como propõe Domingues de Andrade[85] neste "poder criativo".

---

[83] SILVA, Clóvis do Couto e. *A obrigação como processo.* José Bushatsky Editor, 1976, p. 17.

[84] NAWIASKY, Hans. *Teoria general del derecho.* Madrid: Ediciones Rialp, 1962, p. 291.

[85] ANDRADE, Manuel A. Domingues de. *Op. Cit.*, p. 13.

A vontade das partes, que o ordenamento reconhece como fonte de efeitos jurídicos no campo das relações contratuais, não é uma vontade irracional, mas de um indivíduo dotado de inteligência que pensa correta e validamente, e, na afirmação de Karl Larenz,[86] "al manifestar su voluntad frente a los demás, tiene que acoger y admitir las regras de un tráfico legal y las consecuencias que racionalmente han de deducirce de sus actos".

Sua base é o ordenamento jurídico. Sendo assim, para esta concepção não basta a simples manifestação de vontade para a aquisição de um direito, como, por exemplo, a compra de uma casa, ou para extinção de um direito como no caso da rescisão contratual. É necessário que tal efeito, a que visa o interessado, esteja conforme a norma jurídica. E isso é assim, porque a própria ordem jurídico-positiva permite aos sujeitos de direito a prática de negócio jurídico, objetivando os seus efeitos; podendo auto-regular, dentro dos limites legais, seus interesses particulares.

Sobre a liberdade contratual e seus limites, a doutrina costuma dizer que o contrato depende única e exclusivamente da vontade das partes, aceitando muitos, como regra, o princípio da autonomia da vontade. Portanto, o alicerce do negócio jurídico é, sem dúvida, a vontade. Esse é seu requisito primeiro e seu elemento estrutural. Vontade e negócio jurídico são, pois, duas idéias que se identificam.

Na acepção conceitual do negócio jurídico, vê-se que sua noção primária assenta na idéia de um pressuposto de fato, querido ou posto em jogo pela vontade, e reconhecido como base do efeito jurídico perseguido. Seu fundamento ético é a vontade humana, desde que atue na conformidade da ordem jurídica. Seu *habitat* é a ordem legal. Seu efeito, a criação de direitos e obrigações.

---

[86] LARENZ, Karl. *Base del negocio jurídico y cumplimiento de los contratos.* Madrid: Editorial Revista de Derecho Privado, 1956, p. 179.

O direito atribui, pois, à vontade esse efeito, seja quando o agente procede unilateralmente, seja quando a declaração volitiva marcha de acordo com outra congênere, concorrendo a dupla emissão de vontade, em coincidência para a constituição do negócio jurídico bilateral ou plúrimo.

Para o emérito civilista Caio Mário,[87] o fundamento e os efeitos do negócio jurídico assentam na vontade,

"[...] não uma vontade qualquer, mas aquela que atua em conformidade com os preceitos ditados pela norma legal"

e acrescenta:

"E tão relevante é o papel da vontade na etiologia do negócio jurídico que se procura identificar a sua própria idéia conceitual com a declaração de vontade, constituindo-se, desta forma, a sua definição"

Sob o império do princípio da autonomia privada, entretanto, não estão as partes vinculadas aos tipos negociais previstos no Código Civil, mas podem interligar ou misturar as figuras legais entre si (contratos mistos); do mesmo modo, podem transformar autonomamente um tipo legal, sem acolher elementos de outros (contratos atípicos). Finalmente podem "inventar" tipos complementares novos. De ambas as possibilidades a prática fez rico uso, sem que, no entanto, fossem desenvolvidas regras inteiramente unitárias para o tratamento de contratos mistos ou atípicos.

Assim, sobre a faculdade dispositiva das partes, existe o ordenamento jurídico que, através da incidência da norma, confere efeitos aos atos dos particulares.

Pode-se dizer que em Direito Privado é tradicional o princípio da autonomia da vontade, de acordo com o qual toda a pessoa é livre para obrigar-se segundo a sua vontade, na forma e termos que lhe convenham, sem

---

[87] PEREIRA, Caio Mário da Silva. *Op. Cit.*, v. I, p. 283.

outras limitações e exceções, senão aquelas sinaladas pela própria lei.

A liberdade de contratar, no plano do Direito Privado, especialmente na esfera do Direito das Obrigações, manifesta-se sob tríplice aspecto, conforme alude Caio Mário:[88]

- pela faculdade de contratar e não contratar, isto é, pelo arbítrio de decidir, segundo os interesses e conveniências de cada um, se e quando estabelecer com outrem um negócio jurídico contratual;
- pela escolha da pessoa com quem contratar;
- pela liberdade de fixar o conteúdo do contrato, redigindo suas cláusulas ao sabor do livre jogo das conveniências dos contratantes.

Esse critério pode-se formular, considerando que é da competência dos indivíduos determinar, nas relações entre eles, os escopos práticos objetivados e as vias a seguir para regular os seus interesses; é da competência da ordem jurídica separar e avaliar, de acordo com finalidades gerais, as categorias de interesses que os particulares costumam procurar atingir, prescrevendo para os seus atos as modalidade e os requisitos de validade e de eficácia, e ligando a eles situações jurídicas congruentes, isto é, capazes de traduzir em ato, com a maior aproximação possível, as funções sociais que correspondem àqueles escopos.

Entretanto, essa vontade negocial é passível de restrições, quer no momento em que o negócio jurídico se conclui, quer no momento do regramento das cláusulas contratuais. Tais restrições podem ocorrer através de incidência da lei, ou de ato administrativo ou, ainda, por motivo de desproporção entre o poder social e o individual. É o que ocorre com os denominados *"contratos ditados"*, como define Clóvis do Couto e Silva,[89] "utiliza-

---

[88] PEREIRA, Caio Mário da Silva. *Op. Cit.*, v. III, p. 19.

[89] SILVA, Clóvis do Couto. *Op. Cit.*, p. 19.

dos em certo tipos de planificação econômica surgidos nas últimas guerras, como instrumentos para a melhor distribuição de certos produtos ou determinados bens, considerados básicos".

Para tanto, algumas atividades consideradas imprescindíveis, tais como, correios, transportes, água, luz, ou são executadas pelo Estado diretamente, ou mediatamente, através do regime de concessão. Opera-se, nesses casos, no plano sociológico, "verdadeira coação para contratar, imposta pela necessidade, não tendo os particulares qualquer possibilidade de escolha", conclui o referido civilista.

Outro exemplo de limitação da liberdade - que motiva a inclusão de cláusulas ao negócio jurídico - é o da fixação de preços para certas utilidades. O ato administrativo que, com base em lei especial, determina o preço, altera as condições em curso no contrato. E, ainda, a faculdade de determinar o conteúdo do negócio jurídico pode ser restringida em razão do desnível do poder econômico, do qual decorre a fixação unilateral das condições gerais dos contratos, como sucede no de adesão.

A autonomia privada, como princípio da formação do direito, é indispensável para qualquer ordem pública que não tenha por desejável ou realizável uma normatização pelo poder público de todas as concebíveis relações jurídicas de alguma monta. O compromisso livremente assumido, o contrato celebrado autonomamente ou, como ocasionalmente se diz, a *lex contractus*, traz em si a garantia de justeza que uma outorga de direitos e deveres pelo poder público, executada e supervisionada administrativamente, não poderia pretender.

Em princípio, portanto, não tem lugar qualquer controle da precisão contratual, ou da adequação entre a prestação e a contraprestação. Entretanto, a igualdade econômica e social que seria o pressuposto de uma garantia material de justeza de um contrato livremente negociado, não existe em toda parte, como é sabido. Poderosos ofertantes de bens, muitas vezes chegados ao poder de mercado por meio de coligações, através de condições negociais genéricas, uniformes e, com freqüência, unilateralmente favoráveis, que são impingidas ao tomador inferior em forças, reiteradamente, impõem posições jurídicas que não contêm uma justa distribuição de chances e riscos.

As modernas construções contratuais não devem dar a ilusão de que a um negócio assim influenciado caiba a garantia de um contrato livremente convencionado. Por isso, é necessário um controle, objetivando saber se a regulação, comparada com as normas legais dispositivas, corresponde à eqüidade, e não somente, como nos contratos individuais, às exigências mínimas da moral social.

Enquanto isso, já existe um juízo científico em progressão, relativo à autonomia privada, exigindo uma mais ampla restrição de qualquer liberdade, através de limites internos, ditos institucionais. Em razão do exacerbado culto ao princípio da autonomia da vontade, começaram a surgir, no alvorecer do século XX, as primeira críticas à teoria jurídica assentada nos dogmas da ideologia liberal, tais como, a oposição entre o indivíduo e a sociedade, o princípio da liberdade econômica e a liberdade política.

Evidente que é problemática a questão da propaganda força do contrato, ou seja, da extensão atribuída ao princípio da autonomia da vontade, da sua efetiva força criadora.

O fato de inexistir igualdade entre as partes leva a refletir sobre a circunstância de que as qualidades manifestadas no negócio jurídico poderiam ser motivo de vantagens, caminho que conduziria o enlace contratual às raias da deslealdade.

A expressão doutrinária deste pensamento básico é a idéia de uma função econômica do contrato, com a conseqüência de que o exercício de direitos e a defesa de posições jurídicas, de um modo genérico, estariam submetidos a uma reserva comunitária superposta. Certamente semelhantes tendências determinarão para o futuro, o destino e a função das relações obrigacionais, visto que, sem dúvida, é problemática a questão da força do contrato, ou seja, de se determinar qual a extensão do princípio da autonomia da vontade.

4.1.3. Fonte geradora de relações jurídicas

As relações obrigacionais originam-se de negócios jurídicos ou de acontecimentos fáticos a que preceitos legais ligam conseqüências jurídicas. Entre os negócios jurídicos salientam-se no CCB os contratos (art. 1.080) e entre estes, os contratos bilaterais (art. 1.092). Os negócios jurídicos unilaterais desempenham papel reduzido: sem maior importância é a promessa de recompensa (art. 1.512) e o título ao portador (art. 1.505). A preferência pelo negócio bilateral, como fonte de deveres jurídicos obrigacionais explica-se, sem esforço, pela circunstância de que nele o devedor participa da formação de seus compromissos. Este princípio encontra sua expressão, também, em outros preceitos: assim, aquele, a favor de quem for feita uma doação, tem o direito de recusá-la (art. 1.165). Implicitamente está configurado o postulado da autonomia privada, determinante do sistema do direito obrigacional.

A manifestação precípua dessa autonomia, entende Betti[90] - assim como Larenz -, é o negócio jurídico,

> "[...] o qual é concebido como um acto de autonomia privada, a qual o direito liga o nascimento, a

---

[90] BETTI, Emílio. *Teoria geral do negócio jurídico*. T. I. Coimbra: Coimbra Editora, 1970, p. 98.

modificação ou extinção de relações jurídicas entre particulares. Estes efeitos jurídicos produzem-se na medida em que são previstos por normas que, tomando por pressupostos de facto o acto de autonomia privada, os ligam a ele como sendo a fatispécie necessária e suficiente."

Na mesma linha de pensamento, Domingues de Andrade[91] parâmetro de toda uma geração de grandes juristas portugueses, descreve o negócio jurídico como:

"[...] o meio posto pela ordem jurídica à disposição da pessoa privada (singular ou coletiva), para modelar, como lhe aprouver, as suas relações jurídicas, pondo-as de acordo com os seus interesses, tais como os entende e aprecia. A esta ordenação das relações jurídicas pela vontade dos particulares dá-se o nome de autonomia privada."

O elemento essencial, de fato, do negócio jurídico é a manifestação de vontade das partes. Para produzir efeitos, a vontade à qual a lei atribui a virtude de configurar as relações jurídicas, deve ser manifestada, pois, como processo psicológico interno, não é suscetível de conhecimento e só pode deduzir-se com maior ou menor segurança da conduta externa.

O direito subjetivo não pode existir sem uma norma sobre a qual se fundamenta, bem como, não se pode conceber senão colocado em uma relação. O direito subjetivo é, essencialmente, pretensão de um sujeito frente a outro sujeito, ou sujeitos: está, portanto, o homem, por sua natureza, destinado a viver em relação. É um fato social, e não meramente individual, como é um fato social o direito objetivo, a norma jurídica.

---

[91] ANDRADE, Manuel Domingues de. *Teoria geral da relação jurídica*. Coimbra: Livraria Almedina, 1979, v. II, p. 27.

Nesse sentido, Luigi Ferri,[92] autor que desenvolveu preciosa reflexão sobre essa questão, parte da correlação entre os conceitos de autonomia privada e negócio jurídico, este como única expressão daquela. A autonomia privada seria nada mais nada menos que o poder de criar norma negocial, expresso no negócio jurídico. O Estado limitar-se-ia a indicar ou assinalar os limites externos, ou melhor, os limites negativos. Essa concepção, como se tem notado, não mais corresponde à realidade do Estado social.

O que singulariza a tese de Ferri é o fato de desenvolvê-la a partir do conceito de poder como força criativa do direito. Do exercício do poder nasceria um *quid novi*, isto é, um *quid* que não poderia ser totalmente descrito ou previsto na norma superior. Somente o ato executivo, que não possuísse caráter normativo, não conteria elemento de novidade jurídica. Se os atos fossem todos desse tipo, o ordenamento seria estático, o direito objetivo imutável.

Entretanto, normas jurídicas verdadeiras e próprias são, apenas, as abstratas e universais que, sendo assim, não poderiam figurar ao lado de meros preceitos privados disciplinadores de relações singulares e concretas, como se fossem simples espécies do mesmo gênero. Acresce ainda que as verdadeiras normas jurídicas, em razão de sua natureza e de sua origem, são coercitivas por força própria, ao passo que os preceitos criados pela vontade dos agentes, ou partes, apenas podem ser coercitivos por força derivada da lei.

A norma jurídica, negocialmente criada, que não estatui sanção, mas um comportamento cuja conduta oposta é pressuposto da sanção imposta pela norma jurídica geral, não é norma jurídica autônoma. Somente será jurídica em combinação com normas gerais estatui-

---

[92] FERRI, Luigi. *La autonomia privada*. Tradución y nota de Derecho español por Luis Sancho Mendizábal. Madrid: Editorial Revista de Derecho Privado, 1969, p. 336.

doras de sanções. É uma norma jurídica individual, pois mediante o contrato se estabelecem, em regra, obrigações e direitos apenas para os contratantes, embora se possa admitir contrato em favor de terceiro, impondo deveres e conferindo direitos à pessoa que não participou na produção do negócio jurídico, com a ressalva, porém, de que seu conteúdo deve ser sempre querido pelos contratantes.

Pontes de Miranda ensina que "mundo fáctico e mundo jurídico não são coextensivos". Em outros termos: somente dentro de limites prefixados podem as pessoas tornar jurídicos atos humanos e, configurarem-se as relações jurídicas e a eficácia jurídica.

Para o eminente jurista brasileiro, o contrato é um fato jurídico que ingressou no mundo do direito como negócio jurídico, após a *incidência* da norma sobre seu suporte fáctico suficiente. Desse negócio jurídico se irradiará eficácia jurídica se conseguir ultrapassar os três planos em que Pontes[93] divide o mundo do direito: o plano da existência, o plano da validade e o plano da eficácia.

A chamada autonomia da vontade, o auto-regramento, não é senão o que "ficou às pessoas". E adverte: "Evite-se, outrossim, chamá-la autonomia privada, no sentido de auto-regramento de direito privado, porque, com isso, se elidiria, desde a base, qualquer auto-regramento da vontade, em direito público, o que seria falsíssimo". Conclui o Mestre: "O que caracteriza o auto-regramento da vontade é o poder-se, com ele, compor o suporte fáctico dos atos jurídicos com o elemento nuclear da vontade. Não importa em que ramo do direito".

Dentro desse esquema e sobretudo dentro do mundo do direito não cabe a produção de normas. Estas já preexistem, e sua única função, seu único efeito, é

---
[93] PONTES DE MIRANDA, Francisco C. *Op. Cit.*, T. III, p. 56.

incidir sobre o suporte fáctico (simples ou complexo, dependendo da hipótese normativa, no centro do qual está a vontade). Portanto, o negócio jurídico e o contrato não podem ser concebidos como produtores de *normas*, porque não geram *incidência*, esta é efeito único da norma jurídica.

À autonomia da vontade corresponde um poder de dispor, uma competência dispositiva para auto-regular os próprios interesses, mediante a chancela da ordem jurídica. As cláusulas elaboradas pelos particulares, ao abrigo de semelhante princípio, constituem, segundo pensamento de Antunes Varela,[94] verdadeiros *imperativos* para quem as subscreve, achando-se tuteladas por meio de certas providências coercitivas. Todavia, não constituem, à luz de sua concepção, verdadeiro direito, por carecerem da generalidade e abstração próprias das normas jurídicas

O ato jurídico, tal como entendido e estruturado na sistemática do CCB, artigo 81, também conceitualmente, fundamenta-se na declaração de vontade, ou seja, acusa uma emissão volitiva, em conformidade com a ordem legal, e tendente à produção de efeitos jurídicos. E esses elementos levam a admitir que o legislador brasileiro identificou as duas noções - ato jurídico e negócio jurídico - cujos extremos coincidem. Como, porém, a expressão "ato jurídico" significa um valor semântico abrangente de um conceito mais amplo, compreensivo de qualquer declaração de vontade - individual ou coletiva, particular ou estatal - destinada à produção de efeitos, o negócio jurídico deve ser entendido como uma espécie dentro do gênero *ato jurídico*. (art. 74, I, do CCB).

Mas negócio jurídico é o fato jurídico cujo elemento nuclear do suporte fáctico consiste em manifestação ou declaração de vontade, facultando o sistema jurídico ao figurante, a escolha da categoria jurídica e, em geral, a

---

[94] VARELA, João de Matos Antunes. *Op. Cit.*, v. I, p. 42.

estruturação do conteúdo das relações jurídicas respectivas, quanto ao seu surgimento, permanência e amplitude no mundo jurídico.

Fica claro, assim, que não há efeito jurídico que não decorra de fato ou ato jurídico e, por essência, a eficácia jurídica é atribuição feita aos acontecimentos da vida pelas normas jurídicas. Em conseqüência, dentro do sistema jurídico, todo o efeito jurídico resulta de imputação feita aos fatos jurídicos. Nessa imputação, as normas jurídicas podem ser exaustivas, ou deixar à vontade dos figurantes a estruturação desses efeitos. Mas, num caso ou noutro, somente é possível considerar os efeitos como impostos ou admitidos pelas normas jurídicas, e não como criação independente, autônoma, da vontade individual.

Os sistemas jurídicos não são concebidos como se as pessoas pudessem dar entrada no mundo jurídico a qualquer fato, ou ato humano, fazendo-os jurídicos, sustenta Pontes.[95] Em verdade, ainda que amplamente o direito limita a classe dos atos humanos que podem ser juridicizados.

Quando se permite que a vontade negocial defina efeitos, estabeleça-os, reduza os existentes, ou crie novos, não se está considerando que constituam uma atividade normativa, mas sim uma atuação na área da liberdade de escolha deixada aos indivíduos pelas normas jurídicas cogentes, atendendo às necessidades do tráfico social.

Mesmo dentro da área permitida à vontade negocial, o Direito pode negar qualquer liberdade aos indivíduos quanto a estruturar, auto-regulamentar a relação jurídica resultante do negócio jurídico, concedendo-lhes, apenas, a escolha da categoria jurídica já exaustivamente regulada pelas normas jurídicas. Quer dizer: a atividade dos particulares deve ser entendida não como

---

[95] PONTES DE MIRANDA, Francisco C. *Op. Cit.*, T. I, pp. 6-7.

produtora de *normas*, mas como produtora de *efeitos* (eficácia do negócio jurídico).

4.1.4. Limites da autonomia privada

A noção de liberdade individual, habitualmente, assim se expressa: tudo o que não está proibido, está permitido. A vontade é o elemento primordial do ato jurídico e ao seu redor giram todos os demais.

Chama-se *princípio da liberdade de contratar*, segundo Pontes de Miranda,[96] o de se poder, livremente, assumir deveres e obrigações. E *princípio da autonomia da vontade*, o de escolher, segundo o próprio interesse, as cláusulas contratuais. Na realidade, os dois princípios prendem-se à liberdade de declarar ou manifestar a vontade com eficácia vinculante, e de poder-se tirar proveito das declarações ou manifestações de vontade alheias, receptícios ou não. Todavia, "o direito longe está (e sempre longe esteve) de adotar esses princípios como absolutos: sofrem eles e, sempre sofreram, limitações", diz o Mestre civilista.

A doutrina costuma expressar esse princípio em matéria negocial, dizendo que a vontade das partes é a suprema lei dos contratos. Porém deve ser esclarecido, reafirmando assertiva anterior, que o poder conferido aos particulares de exercitarem seus interesses sob a égide da autonomia da vontade não se expressa como um poder ilimitado. A liberdade dos indivíduos para manifestar válida e eficazmente sua vontade jurídica tem todas as limitações que expressa ou implicitamente foram estabelecidas pelo direito em resguardo da organização do Estado, de sua instituições, dos interesses superiores da coletividade.

---
[96] PONTES DE MIRANDA, Francisco C. *Op. Cit.*, T. III, p. 63.

"Da autonomia da vontade ou autonomia privada, que é poder de auto-regulamentação ou auto-disciplina dos interesses próprios (ou, em certo sentido, dos interesses representados), resultam a função dispositiva e a estrutura preceptiva dos atos jurídicos: - nos atos unilaterais, como nos bilaterais, os agentes ou partes ditam e podem ditar, dentro dos acenados limites, as regras a que se hão de subordinar as relações a que dão vida", reafirma Vicente Ráo.[97]

4.1.4.1. As regras jurídicas de natureza cogente

Assim, há vezes em que a vontade dos particulares só é eficaz para realizar o negócio jurídico, pois todo o ato, em seu conteúdo e efeitos, está regulamentado pela lei, de tal modo que os particulares não podem modificá-lo em nenhum sentido, ou só podem fazer as modificações determinadas pela própria lei. A primeira limitação seria, então, aquela que decorre das regras jurídicas de natureza cogente, em que o imperativo jurídico não abre aos particulares qualquer hipótese de poderem dispor de acordo com as suas conveniências.

Tendo em vista a distribuição das normas quanto à obrigatoriedade de que são dotadas, elas se classificam em normas cogentes ou normas dispositivas: aquelas estatuem um comando de que ninguém pode escapar *(ius cogens); estas* estipulam normas que podem ser afastadas pelo ajuste dos interessados.

No direito alemão, lembra Pontes de Miranda,[98] é nulo o contrato pelo qual um dos figurantes se obriga a transferir ou gravar de usufruto o todo ou parte de seu patrimônio (Código Civil alemão, § 310). Não há no direito brasileiro essa regra jurídica, apenas o disposto nos arts. 1.372 e 1.175. A sociedade pode ser de bens presentes ou futuros, ou de bens presentes e futuros

---

[97] RÁO, Vicente. *Ato jurídico*. 2 ed, São Paulo: Saraiva, 1979, p. 46.

[98] PONTES DE MIRANDA, Francisco C. *Op. Cit.*, T. III, p. 60.

(arts. 1.367 - 1.369). Já a herança de pessoa viva foi objeto de regra jurídica proibitiva de contrato (art. 1.089).

Normas cogentes são as que estabelecem princípios cuja manutenção é necessária à ordem social e, por isso, impõe-se obrigatoriamente a todos os indivíduos, inderrogáveis que são pela vontade privada. Dispõem imperativamente, impondo ou proibindo determinada conduta. Não há, nessas normas, permissivo à chamada autonomia da vontade, ao contrário, são autênticos comandos com vista à adaptação social. Em face dessa sua natureza, e que são normas violáveis, infringíveis pela conduta contrária.

Positivas ou negativas, sobrepõem-se, criando situações jurídicas ou estabelecendo normas de procedimento que não dão chance a ninguém de agir diferentemente.

Observa Pontes de Miranda[99] a respeito:

> "[...] o direito cogente, que é o que limita o auto-regramento da vontade, opera impositiva ou proibitivamente; de maneira que as pessoas têm de fazer ou de não fazer (no sentido mais largo); o que elide qualquer escolha, ainda quando a regra jurídica cogente contenha a alternativa de fazer isso ou aquilo; ou de não fazer isso, ou de não fazer aquilo; ou de fazer isso (ou aquilo), ou de não fazer aquilo (ou isso); ou vice-versa".

Em um contrato de compra e venda, por exemplo, se as partes não dispuseram, em contrário, sobre a evicção, incide dispositivamente o artigo 1.107 do Código Civil, segundo o qual há responsabilidade do vendedor pelos vícios ali previstos. Evidentemente, nessa situação, qualquer entendimento que pretenda negar a responsabilidade do vendedor pela evicção será *contra*

---
[99] PONTES DE MIRANDA, Francisco C. *Op. Cit.*, T. III, p. 61.

legem, porque, ocorrendo o vício, o citado artigo 1.107 deve ser aplicado.

A distinção terminativa entre cogência e não-cogência está, na verdade, como define Marcos Bernardes de Mello,[100]

> "[...] na circunstância da inafastabilidade da incidência da norma pela vontade humana. Assim, quando há cogência, é que se pode falar em violação da norma jurídica, embora a violação não exista somente quando se trate de norma jurídica cogente. As normas, mesmo as não-cogentes, se composto o seu suporte fáctico, incidem e, a partir desse momento, torna-se obrigatória a sua aplicação".

4.1.4.2. *As normas de ordem pública*

A segunda limitação à vontade jurídica impõe-se em obediência às normas de ordem pública. Apesar de já haverem sido citadas as normas cogentes, não parece desnecessária a referência, visto que toda norma de ordem pública é cogente, mas nem toda norma cogente é de ordem pública.

A autonomia privada, de que o contrato continua a ser fruto e expressão, e a competência normativa da ordem jurídica concorrem na disciplina do negócio com a competência dispositiva dos particulares, que se identifica como um de seus próprios encargos. Trata-se, então, de ver em que medida a obrigação contratual continua submetida a uma ou a outra, e qual deverá ser o critério de delimitação de uma competência em relação à outra.

A liberdade de configuração do contrato encontra, em princípio, um limite necessário, como já referido, nas normas de ordem pública existentes, e nos bons costu-

---

[100] MELLO, Marcos Bernardes de. *Teoria do fato jurídico*. São Paulo: Saraiva, 1985, p. 56.

mes, tanto e quanto tenham aplicação às relações contratuais. Isto quer dizer que a vontade pode, amplamente, determinar o aparecimento do contrato e definir o seu conteúdo, mas não o pode fazer contrariando aquilo que o legislador disciplinou como matéria de ordem pública, por reconhecer, nas circunstâncias, a ocorrência de interesse público em nível superior ao do interesse privado dos contratantes.

Os limites impostos à liberdade dos contratos estabelecem dois derivativos: o primeiro relaciona-se diretamente com as necessidades sociais; o segundo, com tudo que possa refrear o uso absoluto que o indivíduo possa fazer de sua pessoa e de seus bens.

O direito não é senão um dos processos adaptativos pelo qual a civilização humana se desenvolve, razão pela qual é considerado como uma contínua luta realizada através de uma série sempre crescente de regras normativas, orientadoras do acordo entre as duas forças opostas: o indivíduo e a comunidade. Em assim sendo, pode-se repetir tudo quanto se tem dito dos limites da propriedade privada, ou seja, o que esses limites podem fazer derivar do próprio direito.

A norma de ordem pública seria para Henri de Page[101] aquela que se relaciona com os *interesses essenciais* do Estado ou da coletividade, ou que fixa, no Direito Privado, as bases jurídicas fundamentais sobre as quais repousa a ordem econômica ou moral de determinada sociedade.

Da razão de ser preferencial da comunidade nascem regras que impõem outro gênero de normas proibitivas, em tudo correlatas às regras permissivas, em cujo grupo os contratos vão buscar a sua explicação mais plausível. Assim, por meio das leis de ordem pública, o legislador desvia o contrato de seu objetivo natural

---

[101] PAGE, Henri de. *Traité elémentaire de droit civil belge.* 2 ed. Bruxelles: E. Bruylant, 1948, T. II, p. 425.

dentro das normas comuns dispositivas, para conduzi-lo ao comando do chamado dirigismo contratual, cujas imposições e vedações são categóricas, não admitindo às partes revogá-las ou modificá-las.

Ao expressar a dificuldade de determinarem-se taxativamente os *interesses essenciais* do Estado e da coletividade, em vista das variações - culturais, morais e até de ordem política - Orlando Gomes[102] recorre à enumeração de leis, tentando evidenciá-los:

> "1) as leis que consagram ou salvaguardam o princípio da liberdade e da igualdade dos cidadãos e, particularmente, as que estabelecem o princípio da liberdade de trabalho, de comércio e de indústria;
> 2) as leis relativas a certos princípios de responsabilidade civil, ou a certas responsabilidades determinadas;
> 3) as leis que asseguram ao operário proteção especial,
> 4) as leis sobre o estado e a capacidade das pessoas;
> 5) as leis sobre o estado civil;
> 6) certos princípios básicos do direito hereditário como os relativos à legítima e o que proíbe os pactos sobre sucessão futura;
> 7) as leis relativas à composição do domínio público;
> 8) os princípios fundamentais do direito de propriedade;
> 9) as leis monetárias;
> 10) a proibição do anatocismo."

4.1.4.3. A moral e os bons costumes

A terceira limitação advém do respeito a ser observado em relação à moral e aos bons costumes, preceitos morais imperantes, consideração exigida aos particulares como critério essencial para a vida em sociedade.

---

[102] GOMES, Orlando. *Contratos*. 3 ed. Rio de Janeiro: Forense, 1971, p. 28.

No exame minudente da teoria geral dos contratos, a obrigação avulta como imperativo da ordem moral e liame de ordem jurídica. São essas as idéias que melhor conceituam o contrato como fonte de obrigações. A noção de bons costumes oferece a mesma dificuldade apontada para a conceituação da regra de ordem pública. Não existem expressões gerais para defini-la em termos precisos. Parece ser projeção de regras morais no terreno jurídico, mas não se confunde com a moral.

A doutrina não chega a um consenso sobre o que se há de entender, no plano jurídico, por *moral* e por *bons costumes*, diante da carga de ideologia que essas noções trazem. Kelsen[103] considera as normas morais como normas sociais, mas não jurídicas. Essas normas não se conceberiam como uma ordem de coação organizada como ordem normativa, e sua sanções consistiriam, apenas, na aprovação ou desaprovação da conduta.

Ao se entender que a vontade é autônoma, tem-se que ela assim se afigura sob a condição de manter-se dentro do limite das relações jurídicas não proibidas pela lei.

As leis de ordem pública não só compreendem leis escritas senão, também, os princípios jurídicos básicos não-escritos, que regem a sociedade. Por outro lado, muitas regras jurídicas, especialmente aquelas dentre os princípios de Direito, são expressão de regras morais; os acordos a elas contrários caem nas convenções ilícitas.

Fora da ordem jurídica, mas como sua paralela, fluindo de outra fonte e protegida por outros remédios, está a ordem moral. Enquanto a ordem jurídica regula a conduta exterior do homem, fazendo-a obrigatória, em princípio, por meio do poder do Estado, ou, ao menos, obtendo o resultado que deveria produzir em virtude da

---

[103] KELSEN, Hans. *Teoria pura do direito*. 5 ed. Coimbra: Armênio Amado-Editor, Sucessor, 1979, pp. 98-99.

conduta devida, a moral se dirige ao sentimento e influi no homem, despertando-lhe idéias que operam como instrumentos de sua conduta, decorrentes da crítica e censura de cada um.

Sendo diferentes seus fundamentos e seus recursos, não se pode excluir uma contradição entre direito e moral, entre os dois poderes que governam a vida dos homens. Uma conduta pode ser conforme ao direito e contrária à moral, quando a moral impõe ao homem deveres mais extensos que o direito, por exemplo, o amparo devido aos parentes entre si (CCB, art. 396). E, vice-versa, uma conduta, justificada sob o ponto de vista moral, pode ser contrária ao direito, como na ocorrência do uso ilícito da propriedade alheia por compaixão ou humanidade.

A ordem jurídica cuida de evitar tais antinomias, considerando a ordem moral em muitos casos importantes. Assim, as prestações destinadas a satisfazer uma dívida moral recebem um regime especial em muitas hipóteses, conforme preceitua o artigo 970 do Código Civil Brasileiro: "Não se pode repetir o que se pagou para solver dívida prescrita, ou cumprir obrigação natural". Entretanto, são relativos à moralidade social, de forma que são proibidos, por exemplo, os contratos que versem sobre exploração de casas de tolerância, corretagem matrimonial, os de usura, por contrariarem os bons costumes.

As concepções morais modificam-se com o tempo, apesar de as transformações não serem tão rápidas como para os usos interpretativos, visto que estes dependem mais diretamente da técnica da vida. Sob esse aspecto, as disposições legais referentes aos bons costumes prestam-se a um desenvolvimento mais progressivo de seu conteúdo.

Os tratadistas de direito geralmente se abstêm de definir, extensamente, os bons costumes. Para Planiol e

Ripert,[104] sobrada razão lhes assiste, já que os preceitos dos bons costumes são de "naturaleza moral, cuya definición no les incumbe propiamente".

Por outro lado, segundo uma concepção bastante significativa, reforçada pelas teorias de alguns sociólogos preocupados em fundamentar suas doutrinas em fatos - ainda que entre os fatos sociais não atribuam aos fatos morais seu verdadeiro valor - os bons costumes não se determinam segundo um ideal religioso e filosófico, senão de conformidade com fatos e com a opinião comum.

Essa idéia oferece um ponto de partida para esclarecer as considerações trazidas por Manuel García Morente,[105] ao dizer que existe uma forma de atividade espiritual que pode ser chamada de "consciência moral".

> "A consciência moral, diz ele, contém dentro de si um certo número de princípios em virtude dos quais os homens regem sua vida. Ajustam sua conduta a esses princípios e, de outra parte, têm neles uma base para formular juízos morais acerca de si mesmos e de quanto os rodeia. Essa consciência moral é um fato, um fato da vida humana, tão real, tão efetivo, tão inabalável como o fato do conhecimento".

É evidente que as regras morais imperantes nas sociedades humanas não são todas imutáveis. Com o termo "bons costumes" designa-se a ordem moral geralmente aceita pela opinião dominante. A conduta é contrária aos bons costumes quando é apreciada e julgada como tal. A opinião que tem o indivíduo a respeito da moralidade ou imoralidade de sua maneira de agir carece de importância, assim como, para apreciar os

---

[104] PLANIOL, Marcel y RIPERT, Jorge. *Tratado practico de derecho civil frances*: las obligaciones. Habana: Cultural, 1945, T. VI, p. 315.

[105] MORENTE, Manuel García. *Fundamentos da filosofia*: lições preliminares. São Paulo: Mestre Jou, 1967, v. I, p. 252.

efeitos jurídicos da lei, ou dos usos interpretativos, é indiferente o conhecimento que os interessados têm das disposições legais.

Bem a propósito, merece especial destaque a lição de Caio Mário:[106]

"Bons costumes são aqueles que se cultivam como condições de moralidade social, matéria sujeita a variações de época a época, de país a país, e até dentro de um mesmo país e mesma época. Atentam contra *bonos mores* aqueles atos que ofendem a opinião corrente no que se refere à moral sexual, ao respeito à pessoa humana, à liberdade de culto, à liberdade de contrair matrimônio".

Para saber se um contrato infringe os bons costumes, diz Von Tuhr,[107] não é critério decisivo a *mentalidade subjetiva* das partes ou do juiz nestes assuntos, mas as idéias dominantes entre as *pessoas justas e eqüitativas* que convivem na sociedade, obtendo-se um *coeficiente médio*. Como se vê, a dificuldade é a mesma: quais seriam as pessoas justas e eqüitativas? Quais os critérios dessa avaliação?

Pela supremacia habitual da vontade dos contratantes no governo da relação jurídica contratual, pode-se concluir, frente aos ensinamentos de Planiol e Ripert,[108] que na grande maioria as normas da lei civil, nesta matéria, pertencem à categoria das regras supletivas ou dispositivas. Incidem somente sobre a falta de regulamentação diversa criada pelas partes no contexto do contrato.

Como os conceitos de ordem pública e de bons costumes variam, bem como, por conseqüência, os conteúdos das respectivas normas, certo será então conside-

---

[106] PEREIRA, Caio Mário da Silva. *Op. Cit.*, v. III, p. 20.

[107] VON TUHR, Andreas. *Derecho civil: teoria general del derecho civil aleman.* Buenos Aires: Editorial De Palma, 1946, T. II, p. 48.

[108] PLANIOL, Marcel y RIPERT, Jorge. *Op. Cit.*, T. VII, p. 30.

rar que, em todo o tempo, o contrato é momento de equilíbrio destas duas forças, reduzindo-se o campo da liberdade de contratar, na medida em que o legislador entenda conveniente alargar a extensão das normas de ordem pública e vice-versa.

Os exemplos apontados pelos autores, como sendo de conteúdos contratuais contrários aos bons costumes, melhor seriam de objeto ilícito, ou seja, gerador de nulidades. Neste particular é acertada a determinação do legislador do Código Civil Brasileiro ao fixar o objeto lícito como pressuposto de validade do ato jurídico (art. 82).

4.1.4.4. Pressupostos de existência e validade

Os sistemas jurídicos prefixam os pressupostos gerais de existência e validade, ainda quanto aos atos de liberdade negocial, impondo certos requisitos, em atenção aos quais ser-lhes-á reconhecida a existência juridicamente relevante e, em um segundo momento, a afirmação de sua validade, com a conseqüente aptidão para irradiar efeitos jurídicos.

No plano da existência, não se cogita de invalidade ou eficácia do negócio jurídico, importa, apenas, a realidade do existir. Tudo se limita a saber se o suporte fáctico foi suficiente, se ele se completou, dando ensejo à incidência da norma. A existência do negócio jurídico constitui, pois, premissa da qual decorrem todas as demais situações que podem acontecer no mundo jurídico.

Não basta, entretanto, a existência de uma vontade eficiente; é mister, ainda, que o ato se confine dentro do princípio de ordem pública, ou seja, que a ação não ofenda as leis precetivas, tanto imperativas quanto proibitivas.

Se o negócio jurídico *é* no plano do *ser* jurídico (existência), há de passar pelo plano da validade, em vista do elemento nuclear do suporte fáctico que é a vontade, onde será feita a triagem entre o que é perfeito (sem vício invalidante) e o que está eivado de defeito invalidante.

Os atos jurídicos, ou os atos do homem que tendem à realização de efeitos jurídicos, não valerão quando não contiverem os elementos que, segundo a norma, sejam necessários à sua existência. Todo ato jurídico pressupõe, como é óbvio, uma manifestação de vontade, ou a compensação do ato pela titular do direito e a possibilidade de realizar livremente o seu intento.

A invalidade, assim, pressupõe como essencial a suficiência do suporte fáctico, portanto, a existência do negócio jurídico. A falta de capacidade civil do manifestante da vontade negocial, por exemplo, torna deficiente o suporte fáctico, causando a invalidade do ato jurídico. A falta de personalidade, diferentemente, faz insuficiente o suporte fáctico, porque somente pode manifestar vontade negocial quem tenha capacidade jurídica, ou melhor, seja pessoa. No caso da falta de personalidade, a vontade não existe para compor o suporte fáctico negocial.

Assim, no Código Civil, art. 145, é nulo o ato jurídico quando:

- a possibilidade de querer do agente se acha afetada de defeito absoluto, ou quando é praticado por pessoa absolutamente incapaz (inciso I);
- o seu objeto for impossível de ser prestado ou achar-se fora do comércio (inciso II);
- a causa for ilícita (inciso II);
- não se cingiu à forma que a lei prescreveu como essencial (inciso III);
- foi preterida alguma solenidade que a lei considera essencial (inciso IV);
- a lei taxativamente o declarar nulo ou lhe negar efeito (inciso V).

Nulo o ato, é banido do mundo jurídico, sem possibilidade de ali prosperar. O defeito de que vem eivado é de tal gravidade que nem mesmo a vontade das partes (consenso) poderá superá-lo; o juiz deverá declará-lo nulo no momento em que toma conhecimento de sua existência.

Portanto, a nulidade é absoluta, isto é, todos os interessados poderão alegá-la; e é insanável, já que o ato nulo retirado do mundo jurídico passa a integrar o plano da inexistência e só poderá vivificar-se pela reiteração.

A par do ato nulo, existe o ato anulável (art. 147 do Código Civil).

A anulabilidade do ato opera-se, ou porque o sujeito não possui capacidade plena, ou porque a declaração realizou-se mediante vício da vontade (erro, dolo, coação), ou vício social (simulação ou fraude).

O ato tem, então, todos os seus elementos normais: quem se manifestou podia manifestar-se, embora não tivesse a plenitude da capacidade; como quem declarou viciadamente, também podia fazer a declaração. Mas, evidentemente, essa vontade que ainda não atingiu sua inteireza e se manifestou erradamente, há de ter a proteção da lei.

A anulabilidade é, pois, uma medida de proteção concedida ao prejudicado. O ato anulável produzirá, assim, os seus efeitos jurídicos, enquanto queira o interessado.

Anulável o ato, ter-se-á, então, como existente e válido até que o prejudicado pretenda prevalecer-se da anulabilidade.

A anulabilidade é, pois, relativa; só o prejudicado poderá alegá-la, e é sanável, por vontade expressa ou tácita do interessado, ou por prescrição. "Se o negócio jurídico versou sobre prestação que não poderia, de modo algum ser de interesse do outorgado, crédito não surge. Não se há de pensar em inexistência do negócio jurídico, nem em invalidade. É o caso de quem estipulou que alguém rezasse três orações por dia. Tal negócio não foi sério", refere Pontes.[109]

E, ao comentar o art. 82 do CC, sintetiza:

"Para que o ato jurídico possa valer, é preciso que o mundo jurídico, em que se lhe deu entrada, o tenha por apto a nele atuar e permanecer. É aqui que se lhe vai exigir a eficácia, quer dizer - o não ser deficiente; porque aqui é que os seus efeitos se terão de irradiar (eficácia)".

Ao versar sobre a matéria, Antônio Junqueira de Azevedo[110] esclarece que *válido* é adjetivo com que se qualifica o negócio jurídico formado de acordo com o que estabelecem as regras jurídicas. Os requisitos, por sua vez, são aqueles caracteres que a lei exige (requer) nos elementos do negócio, para que este seja válido. Há um paralelismo entre o plano da existência e o da validade: o primeiro é um plano de *substâncias*, no sentido aristotélico do termo - o negócio existe e os elementos são -; o segundo é, superficialmente, um plano de adjetivos - o negócio é válido e os requisitos são as qualidades que os elementos devem ter. Há no primeiro plano, a existência - o negócio existe e os elementos são (negócio *é* no plano do *ser);* há no segundo plano a validade - o negócio é válido porque presentes os requisitos de validade que garantem esta qualidade àqueles pressupostos de existência (o negócio *vale* no plano do *valer*).

No plano da eficácia, o negócio jurídico vai produzir os seus efeitos, criando as situações jurídicas, as relações jurídicas com todo o seu conteúdo eficacial, representado pelos direitos e deveres, pretensões e obrigações, ações e exceções, ou vai extingui-los.

---

[109] PONTES DE MIRANDA, Francisco C. *Op. Cit.*, T. XXII, p. 14.

[110] AZEVEDO, Antônio Junqueira de. *Negócio jurídico*: existência, validade e eficácia. São Paulo: Saraiva, 1974, p. 52.

Se o negócio jurídico existe e é válido, a seqüência normal é emanar efeitos (se foi constituído para gerar efeitos de imediato, à vista); todavia, poderá ter seus efeitos retardados, em decorrência da estruturação do conteúdo eficacial da relação jurídica respectiva. Tudo vai depender das regras, segundo as quais o acordo negocial se constituiu.

Nesse plano, naturalmente, não se trata de toda e qualquer possível eficácia jurídica, mas, sim, de sua eficácia própria ou típica, isto é, da eficácia referente aos efeitos manifestados como queridos.

"Ser, valer e ser eficaz são situações distintas, com conseqüências específicas e inconfundíveis cada uma, e assim precisam de ser tratadas", assevera Marco Bernardes de Mello.[111]

Substancialmente, os elementos do contrato são os mesmos do negócio jurídico, pois aquele é uma espécie deste. Por isso, se o negócio jurídico é declaração de vontade, e seus elementos gerais constitutivos são essa mesma declaração desdobrada em objeto, forma e circunstâncias negociais, e os requisitos são qualidades desses elementos, temos que o contrato, como qualquer negócio jurídico, requer essencialmente, como requisitos de validade: declaração de vontade livre dos contratantes; declaração emanada por pessoas plenamente capazes e com legitimidade para tal; declaração sobre um objeto possível de ser prestado, isto é, que exista um conteúdo e que seja lícito; declaração que observe uma forma convencionada entre as partes, quando o contrário não está previsto pela lei.

4.1.4.5. A licitude das relações obrigacionais

Segundo os princípios enunciados precedentemente, entende-se que, a par de a autonomia da vontade ser uma expressão da liberdade dos particulares, produz o

---
[111] MELLO, Marcos Bernardes de. *Op. Cit.*, p. 96.

efeito de limitar essa mesma liberdade. O negócio jurídico, incluído o contrato, existe e vale nos limites da lei; a sua eficácia, desde a vinculação, depende da lei. No Direito das Obrigações, ocorre o mais largo auto-regramento da vontade. As categorias jurídicas do Direito das Obrigações deixam margem a negócios jurídicos que não entram nos tipos fixados pela lei, configurando os chamados negócios jurídicos atípicos. Mas, a par disso, impõe-se que os atos sejam praticados em conformidade ao direito, visto que a autonomia da vontade se circunscreve no campo da licitude, sendo inaceitável a admissão de relações contratuais constituídas sob a mácula da ilicitude.

De acordo com o que já foi dito, o reconhecimento da autonomia privada por parte da ordem jurídica configura, essencialmente, um fenômeno de recepção pelo qual o regulamento prescrito pelas partes para os seus interesses, nas suas relações recíprocas, entra para a esfera do direito e é elevado à categoria de preceito normativo. É lógico que o direito intervenha para disciplinar o ato de autonomia, visto que faz dele um instrumento à disposição dos particulares para poderem dar vida e desenvolvimento a relações jurídicas. Mas porque, por efeito do reconhecimento jurídico, o ato não muda de natureza, a disciplina legal sobrepõe-se, naturalmente, à autônoma. Esta autorização contém, já na sua gênese, o imperativo da licitude.

No exame minudente da teoria geral dos contratos, a obrigação avulta como imperativo de ordem moral e liame de ordem jurídica. São esses aspectos que melhor conceituam o contrato como fonte de obrigações. É o instrumento de eleição para a técnica jurídica das convenções. Os juristas pensam poder criar, transformar, transferir, destruir e conservar as relações de direito sem apelar para as idéias éticas, a não ser quando as consideram como informadoras dos próprios atos jurídicos. Todavia, não há quem prive de toda direção moral que a teoria da obrigação comporta, nem há contrato perfeitamente formado, se qualquer idéia ilícita o deforma, ou o capricho malicioso das partes o vicia.

É certo que os limites lógicos dentro dos quais se desenvolve a fenomenologia jurídica são o lícito e o ilícito, e que os comportamentos humanos, juridicamente transcendentes, são estimados, também, em função de sua conformidade ou contrariedade a direito, daí advindo a subdivisão dos fatos jurídicos *lato sensu* em lícitos e ilícitos.

Mas o negócio jurídico é um ato de declaração de vontade por força da qual se declara querer a produção de um determinado efeito jurídico, incumbindo à ordem jurídica fazê-lo realizar, por ser ele querido pelo seu autor. São, assim, declarações de vontade para o ordenamento das relações jurídicas do declarante. O negócio jurídico cria-se pelas declarações de vontade destinadas à constituição, modificação ou extinção de uma relação jurídica. Exige-se, portanto, um querer manifestado em conformidade com a ordem jurídica.

No direito, como processo social de adaptação, diz Pontes de Miranda:[112]

> "[...] o regramento jurídico veda alguns atos humanos (atos ilícitos absolutos ou relativos), ou estabelece que não pode a vontade de prestar afastar-se de algumas proposições positivas ou negativas (= cogentes = imperativas, *stricto sensu* + proibitivas), no tocante à forma, ao conteúdo ou ao objeto, ou que, na falta de expressão da vontade, se tenha por proposição assente a que a lei aponta (*ius dispositivum*), ou que, em caso de dúvida, algo se entenda ter querido".

Sob a denominação genérica de contratos ilícitos, compreendem-se os estipulados com infringência das

---
[112] PONTES DE MIRANDA, Francisco C. *Op. Cit.*, T. XXIII, pp. 6-7.

normas imperativas, ou atentatórios à ordem pública e aos bons costumes. Para a doutrina, o *contrato ilegal* caracteriza-se pela violação de norma imperativa, pois a ordem jurídica constitui-se de numerosas leis que ordenam ou proíbem, determinando o que se deve e o que não se deve fazer. O *contrato proibido* identifica todo aquele que atenta contra a ordem pública. A dificuldade de caracterizar este tipo de relação reside na conceituação da "ordem pública". Diz-se que compreende os princípios que traduzem os interesses fundamentais da sociedade, relativos à sua ordem econômica e política. O *contrato imoral* é doutrinariamente considerado como aquele que ofende os bons costumes. Esta locução - bons costumes - significa, em Direito, o conjunto de princípios que, em determinado tempo e lugar, constituem as diretrizes do comportamento social no quadro das exigências mínimas da moralidade média.

Pela definição doutrinária, depreende-se que o poder da vontade é assegurado, mas, ao mesmo tempo, coordenado pela ordem jurídica, isto é, destinado a produzir os efeitos jurídicos atribuídos pela ordem jurídica, não podendo compreender senão atos lícitos, suscetíveis de um determinado tratamento pela ordem jurídica.

As ações humanas contravenientes às determinações legais vão integrar a categoria dos atos ilícitos, de que o direito toma conhecimento tanto quanto dos atos jurídicos lícitos, para regular-lhes os efeitos, que divergem, entretanto, dos lícitos, cujos atos jurídicos produzem resultados consoantes com a vontade do agente, enquanto os ilícitos sujeitam a pessoa que os comete a conseqüências (art. 159) que a ordem legal lhe impõe (deveres ou penalidades).

A vontade negocial, assim, somente tem poderes de escolha dentro dos limites traçados pelo ordenamento jurídico, não sendo, portanto, livre, e muito menos, absoluta, mesmo que exercitada no âmbito da autonomia privada.

4.1.5. Âmbito de atuação da autonomia da vontade

A relação da autonomia da vontade com a idéia de limitação de seu espaço - tendência observável de forma crescente entre os juristas - representa, na verdade, a negação do próprio princípio, enquanto deixa de ser explicado pelo poder de autonomia, de acordo com sua fundamentação política, e passa a ser explicado por seu contrário. Curiosa tese que se explica por sua antítese.

"Deixa de ser relevante, no plano da exposição jurídica, o princípio em si e assume importância a delimitação do espaço que o ordenamento lhe impõe", na interpretação crítica de Paulo Luiz Neto Lôbo.[113]

É nesse sentido que Ferri[114] fala em *autonomia privada* (como espaço em que se pode inserir a atividade normativa dos particulares, e os interesses privados são determinados em via de exclusão), e Pontes de Miranda[115] menciona *auto-regramento da vontade* (como espaço que "ficou às pessoas", dentro de limites prefixados pela lei).

Pontes de Miranda construiu um sistema integrado da ciência do direito. E, no centro do negócio jurídico, colocou a vontade. Vontade-núcleo, isto é, elemento nuclear do suporte fáctico, suficiente para receber a incidência da norma jurídica, que ingressa no mundo do direito como fato jurídico, na categoria específica de *negócio jurídico*. É bem verdade que atribuiu eficácia não

---
[113] LÔBO, Paulo Luiz Neto. *O contrato: exigências e concepções atuais*. São Paulo: Saraiva, 1986, p. 31.

[114] FERRI, Luigi. *La autonomia privada*. Tradución y nota de Derecho español por Luis Sancho Mendizábal. Madrid: Editorial Revista de Derecho Privado, 1969, p. 51.

[115] PONTES DE MIRANDA, Francisco C. *Op. Cit.*, T. III, p. 56.

à vontade, mas ao negócio jurídico que dela se originou. Entretanto, a vinculação genética criatura-criadora é constante e fundamental na obra pontiana.

Esse deslocamento da fonte de eficácia da vontade para o negócio jurídico que a contém representa um importante avanço do pensamento jurídico.

A estreita interdependência *vontade / negócio jurídico* recebe afirmação muito clara do Mestre[116] civilista: "Não há negócio sem vontade de negócio. Vontade de negócio, e não só declaração de vontade; mais: vontade de negócio sem ser essencial a recepticiedade". E cita como exemplo o testamento particular (negócio jurídico) cujo suporte fáctico é declaração de vontade (CCB, art. 1.645): o testador não só testa, mas declara-o, sem que haja intuito de divulgá-lo, desde já, e sem que essa divulgação possa ter qualquer eficácia pró ou contra o que se testou. A declaração de vontade, portanto, pode ser sem destinatário imediato (atos jurídicos adeclarativos).

Prosseguindo, Pontes enfatiza a necessidade de *exterioração da vontade* que se processaria de duas formas: pela declaração da vontade ou pela, tão-só, manifestação da vontade.

Ainda distingue a *falta da vontade* do negócio jurídico, que exclui a existência de declaração ou manifestação, da *falta de consciência* da exterioração da vontade do negócio jurídico. Em ambos os casos, não há negócio jurídico. O exemplo que dá esclarece a diferença: "o que se sentou, no momento de aprovação de negócio jurídico de adesão, porque ia perder os sentidos, não o aprovou exatamente como aquele que perdeu os sentidos e se sentou: ali faltou consciência de manifestação; aqui, de vontade".

Ocorre, nesse caso, a falta de *exteriorização* da vontade (declaração ou manifestação), e não da vontade em si, pois é a exteriorização que integra o suporte fáctico.

---

[116] PONTES DE MIRANDA, Francisco C. *Op. Cit.*, T. III, p. 7.

A concepção de Pontes de Miranda,[117] de um voluntarismo atenuado, é por ele confessada como síntese entre a teoria da vontade (vontade como geradora da eficácia jurídica) e a teoria da declaração (não-essencialidade da vontade, lei como geradora de eficácia). No seu entender, em certos negócios jurídicos, a vontade teria *"papel inelidível e enorme, quanto à determinação de eficácia do negócio jurídico"* (negócios jurídicos fiduciários); outras vezes, a lei como que lhe prepararia caixas, ou repositórios (negócios jurídicos formais). Mas conclui: *"quando a vontade desaparece, isto é, quando se abstrai dela, não há negócio jurídico"*.

O receio é que a teoria por ele chamada de *antitética* (em oposição à tese da essencialidade da vontade), poderia levar a confundir a distinção, hoje precisa, entre negócio jurídico e ato jurídico *stricto sensu*.

Essa explicação é, indubitavelmente, mais idônea, mais convincente, embora se ressalte sua relatividade espaço-temporal. Cabe ao jurista pesquisar esses limites que não foram os de ontem, nem serão os de amanhã, para que se possa, em um determinado ordenamento, distinguir - se isso ainda for possível - o que é público e o que é privado e, bem assim, quais os mecanismos de que esse ordenamento se utiliza para estabelecer essa delimitação precária e sempre mutante.

4.1.6. A interpretação da vontade adotada pelo CCB

A doutrina em geral muito discute acerca do papel criador da vontade na formação das obrigações convencionais. Os atos jurídicos, escreve René Demogue,[118] constituem uma necessidade social, e não somente a

---

[117] PONTES DE MIRANDA, Francisco C. *Op. Cit.*, T. III, p. 39.

[118] DEMOGUE, René. *Traite des obligations en general*. Paris: A. Rosseau, 1923, v. I, n. 2, p. 68.

combinação de vontades livres que até poderiam deixar de existir. Outros - Soleilles, Biagio - entendem que a declaração de vontade equivale à publicação de uma lei. Antes da publicação, a lei não existe; antes de declarada, a vontade não se exterioriza.

A liberdade de contratar, segundo a doutrina, não é mais ilimitada. Sofre restrições e deve obedecer aos princípios de direito, que não podem ser infringidos, bem como, às limitações estabelecidas em lei, como já foi examinado.

O Código Civil pátrio não é extremista. Reconhece o princípio da liberdade das convenções, que é indispensável a um regime jurídico que acata o direito de propriedade, mas não desconhece a necessidade da *declaração* como conteúdo do ato jurídico.

A lei civil impõe três preceitos para a validade da vontade nas convenções: *agente capaz, objeto lícito e forma prescrita ou não defesa em lei* (art. 82). Desde que estes três preceitos se integrem na formação do ato jurídico, as partes podem livremente avençar segundo suas conveniências, para a obtenção de seus interesses na busca dos efeitos desejados.

O princípio resume-se nessas duas proposições essenciais; toda obrigação para ser sancionada pelo direito deve ser livremente consentida; mas, ao revés, toda obrigação, a partir do momento em que for livremente assumida, deve ser sancionada pelo direito.

A vontade é deliberada pela inteligência, ou melhor, pela razão. Sem inteligência não há vontade perfeita. Desde que os negócios jurídicos sejam legalmente formados, o que as partes convencionam e estipulam no uso de sua vontade soberana, os juízes não podem alterar, modificar ou anular; não podem negar cumprimento sob pena de ferir a justiça. O formalismo foi a técnica de proteção do homem, nas relações com os outros homens, para que se soubesse, ao certo, o que se quis. Hoje e cada vez mais são relevantes as regras jurídicas sobre a forma a ser adotada nas convenções (art. 145, III, do CCB).

Assim, os contratos consensuais são os que se perfazem pela simples anuência das partes, pois a ordem jurídica não exige nenhuma formalidade especial para a sua celebração. É o caso, por exemplo, da compra e venda de bem móvel, da locação, da parceria rural, do mandato, do contrato de transporte.

Já os contratos solenes ou formais consistem naqueles atos negociais para os quais a lei prescreve forma especial que lhes dará existência e validade jurídica. Podem ser elencados como exemplos: a compra e venda de bem imóvel, que depende não só de escritura pública (art. 134, II), como do assento no registro imobiliário (art. 531); a doação, que deverá ser feita por escritura pública ou instrumento particular, salvo se versar sobre bens móveis ou de pequeno valor (art. 1.168, par. único); a fiança, que deverá ser feita por escrito (art. 1.483) e, da mesma forma, o contrato de seguro (art. 1.433); o contrato de penhor feito por instrumento particular, que deverá ser firmado pelas partes e lavrado em duplicata, ficando um exemplar com cada um dos contratantes e podendo qualquer deles levá-lo a registro (art. 771; Lei nº 6.015/73, art. 219).

Quanto à interpretação dada à manifestação da vontade, na sistemática do direito pátrio, o Código Civil adotou o meio termo. Não relega o acordo das vontades, que continua a ser o elemento essencial dos contratos, mas acolhe, em termos, o princípio da declaração, estatuindo no art. 85: "Nas declarações de vontade se atenderá mais à sua intenção que ao sentido literal da linguagem".

Clóvis Bevilaqua[119] explica que este preceito é mais do que uma regra de interpretação: "É um elemento

---

[119] BEVILAQUA, Clóvis. *Código civil dos Estados Unidos do Brasil*: comentado. Rio de Janeiro: Livraria Francisco Alves, 1921, v. I, p. 320.

complementar do conceito do ato jurídico". Afirma que a parte essencial ou nuclear do ato jurídico é a vontade. É a ela, quando manifestada de acordo com a lei, que o direito dá eficácia.

Assim, o intérprete do sentido negocial não deverá ater-se, unicamente, à exegese do contrato, isto é, ao exame gramatical de seus termos, mas, sim, à fixação da vontade dos contratantes, procurando seus efeitos jurídicos, indagando sua intenção e os fins econômicos a que visam, sem se vincular, estritamente, ao teor lingüístico do ato negocial.

Nesse sentido, com ponderada clareza, ensina Nelson Nery Júnior:[120]

> "Não há dúvida que a vontade exerce um papel relevantíssimo na interpretação do negócio jurídico, devendo sempre ser levada em consideração, como, inclusive, preceitua o artigo 85, do Código Civil. O que não se pode permitir, todavia, é dar importância capital à vontade do declarante, olvidando-se do conteúdo da declaração".

E, prosseguindo, diz:

"Quando tal dispositivo fala em "intenção", "vontade" deve-se entender vontade declarada (constante da declaração), sob pena de instaurar-se total insegurança nas relações jurídicas".

Também prevê o CCB que "Os contratos benéficos interpretar-se-ão estritamente" (art. 1.090). E mais, "Quando a cláusula testamentária for suscetível de interpretações diferentes, prevalecerá a que melhor assegure a observância da vontade do testador" (art. 1.666). Isto é, o juiz não poderá dar aos contratos interpretação ampliativa, devendo limitar-se aos contornos traçados

---

[120] NERY JÚNIOR, Nelson. *Vícios do ato jurídico e reserva mental*. São Paulo: Revista dos Tribunais, 1983, p. 13.

pelas partes contratantes, vedada, portanto, a interpretação com dados alheios ao seu texto.

No mesmo sentido: *A transação interpreta-se restritivamente* (art. 1.027); *A fiança dar-se-á por escrito e não admite interpretação extensiva* (art. 1.483). Nos contratos de consumo, as cláusulas contratuais deverão ser interpretadas de maneira mais favorável ao consumidor, se houver alguma dúvida a respeito (Lei n. 8.078/90, art. 47).

Há muito exagero no combate que a doutrina faz à autonomia da vontade. De fato, ela não é mais admissível como um postulado de que o acordo de vontades é o que basta para a formação do contrato. Mas, também, a declaração sem a intenção das partes não tem os requisitos necessários para a formação das convenções.

Ainda sobre o art. 85 do Código Civil, Pontes de Miranda[121] procurou atenuar o componente subjetivista com estas palavras:

"Objetivo de interpretação não é a vontade interior, que o figurante teria podido manifestar, mas sim a manifestação da vontade, no que ela revela de vontade verdadeira do manifestante. É preciso que o querido esteja na manifestação, o que não foi manifestado não entra no mundo jurídico; o simples propósito, que se não manifestou, não pode servir para a interpretação. A vontade, ainda que buscada segundo o artigo 85, há de estar dentro, não fora, nem, com maioria de razão, contra o que se manifestou".

Quer parecer que o princípio da autonomia da vontade deve ser entendido em termos hábeis porque, na verdade, a liberdade contratual é, na prática, mais aparente do que real. A desigualdade econômica é comum nos contratos e, assim, difícil se torna afirmar

---

[121] PONTES DE MIRANDA, Francisco C. *Op. Cit.*, T. III, p. 334.

que se formam do debate livre de vontades independentes e iguais.

Orlando Gomes,[122] com absoluta lucidez, mostra o atual encaminhamento dessas relações, ao ponderar:

"Orienta-se modernamente o direito das obrigações no sentido de realizar melhor equilíbrio social, imbuídos seus preceitos, não somente de preocupação moral de impedir a exploração do fraco pelo forte, senão, também, de sobrepor o interesse coletivo, em que se inclui a harmonia social".

4.2. PRINCÍPIO DO CONSENSUALISMO

O negócio jurídico é, por sua essência, um ato de vontade. Todavia, como já foi visto, para ter validade e irradiar seus efeitos, o negócio jurídico necessita estar conforme aos preceitos legais, embora seja a vontade o seu próprio cerne e, consequentemente, a sua causa, pois é dela, como seu elemento peculiar, que os efeitos dos negócio jurídicos emergem.

Pelos negócios jurídicos não se criam apenas direitos, mas, também, obrigações. As mais das vezes, para adquirir determinado direito, assume o indivíduo correlata obrigação, comprometendo-se a uma prestação a ser satisfeita como, onde e quando lhe convenha, por determinação própria ou de acordo com a pessoa com a qual se obriga.

4.2.1. Conceituação

Quando o agente, no exercício de sua autonomia, constitui relações que à ordem jurídica interessam, a

---

[122] GOMES, Orlando. *Transformações gerais do direito das obrigações*. 2 ed. São Paulo: Revista dos Tribunais, 1980, p. 1.

vontade é pelo direito realizada, pois dele recebe a força de produzir efeitos jurídicos de conformidade com a norma atributiva.

Considerada em si, apenas através do processo de sua formação, é um fato interno, mero fato psíquico que só pode gerar efeitos em sendo por outrem conhecida, exteriorizando-se; deve, pois, a vontade, necessariamente, ser manifestada, ou declarada.

Mas, observa Vicente Ráo:[123]

"[...] se um conflito sobrevier entre a vontade e sua declaração, aquela, por ser o elemento fundamental do ato jurídico, há de prevalecer sobre esta: a declaração de uma vontade não existente, ou não-verdadeira, ou inválida, mais não significaria do que a aparência de uma declaração de vontade."

E quando em vontade se fala, conclui o Autor,

"deve se entender que de determinação ou ânimo se trata, dirigido, direta e imediatamente, à consecução dos efeitos jurídicos do ato praticado".

De acordo com Planiol e Ripert[124] o concurso de vontades que caracteriza o contrato se entende, segundo a teoria clássica, como o acordo das livres vontades dos contratantes. O consentimento é um dos elementos indispensáveis ao contrato. Trata-se de um fato essencialmente bilateral: *cum sentire, in idem placitum consensus*. É necessário, portanto, que duas ou mais pessoas, natural e legalmente capazes, consintam, de modo válido e sério, em estabelecer entre si uma relação contratual. Consenso, portanto, caracteriza-se como o encontro de duas declarações de vontade, que, partindo de dois ou mais sujeitos diversos, se dirigem a um fim comum, fundindo-se.

---

[123] RÁO, Vicente. *Op. Cit.*, p. 186.
[124] PLANIOL, Marcel y RIPERT, Jorge. *Op. Cit.*, T. VII, p. 32.

Conceituando-o, diz Giorgio Giorgi[125] que é a manifestação recíproca do acordo completo de duas ou mais pessoas, em relação ao objetivo, de cada uma obrigar-se a uma prestação em relação a outra; ou ainda, no obrigar-se uma ou algumas, unicamente em face de outra ou outras, que aceitam, sem assumir qualquer obrigação correspectiva.

A idéia de contrato emancipou-se das categorias de tipos fixos, elevando-se a um conceito geral e abstrato; torna-se um esquema genérico, uma categoria abstrata na qual predomina o elemento consenso, que é capaz de traçar as mais diversas figuras que possam ser criadas pela vontade das partes. Em oposição ao sistema romano, o sistema contratual moderno não conhece tipos definidos e fixos de convenções obrigatórias. Indefinidas e mutáveis, quer tenham, quer não, um nome próprio, são tantas quanto, na infinita variedade das necessidades humanas e das trocas, possam ser os acordos entre duas ou mais pessoas, destinados a ligar uma pessoa a outra, e a fazer adquirir para aquela uma razão creditória para com esta.

Desde que se possam reduzir ao esquema abstrato e geral, todas as declarações bilaterais de vontade tornam-se contratos, que podem não só indicar os acordos que originam relações de obrigação (contratos obrigatórios), mas, também, abranger qualquer outro acordo destinado ou a dissolver um precedente vínculo obrigatório (contratos liberatórios ou solutórios), ou a modificar um vínculo existente, ou ainda, a constituir relações de direito real ou de família (absolutos).

O consensualismo contratual, portanto, pressupõe a existência de duas ou mais distintas declarações de vontade emitidas cada uma, e isentas de vícios. Destinadas, no contrato obrigatório, uma a prometer e a outra a

---

[125] GIORGI, Giorgio. *Teoria de las obligaciones en el derecho moderno*. Madrid: Editorial Reus, 1939, v. III, p. 134.

aceitar, dão lugar a uma nova e única vontade, a chamada vontade contratual, que é o resultado, e não a soma, das vontades singulares, constituindo, por isso, uma entidade nova, capaz de produzir o efeito jurídico desejado e subtraída para sempre a livre disponibilidade de uma só das partes, de onde resulta a irrevogabilidade do contrato.

Além de emitidas as vontades, necessita o consentimento ser comunicado a outra contraparte para o conhecimento desta, e lhe ser dada ciência quanto ao seu significado. É isto que se denomina "troca de declarações de vontade". O pressuposto essencial é, pois, uma dupla declaração, e esta, por seu turno, implica a necessidade de que duas pessoas se encontrem uma face à outra, movidas, é certo, por interesses particulares a cada uma e, eventualmente, também opostos, mas tendentes ao fim comum de estabelecer a relação jurídica. Que as declarações possam ser várias é óbvio, nada obstando a que, em cada lado, intervenham várias pessoas na relação contratual, como promitentes ou aceitantes. Que se possam reduzir a uma só é excluído pela própria essência do consentimento, já que a sua significação exprime a necessidade de um acordo recíproco.

Além dessas duas condições - a existência de duas vontades e a comunição recíproca -, uma terceira se lhe deve juntar - a combinação das duas declarações no sentido de se integrarem mutuamente -, entendida como o movimento de duas partes contratantes, querendo e buscando o complexivo resultado a que o contrato, por sua própria natureza, conduz.

Observa Roberto de Ruggiero[126] que o consenso não é só o encontro de duas vontades, mas, também, a *consciência* do acordo recíproco. Entretanto, por outro lado, está fora da realidade tal idéia de combinação de

---

[126] RUGGIERO, Roberto. *Instituições de direito civil*. 6 ed. São Paulo: Saraiva, 1973, v. III, p. 212.

vontades, uma vez que dado o consentimento, passam a ser opostos os objetivos da cada uma das partes contratantes. Enquanto o comprador pretende a coisa adquirida, o vendedor visa ao preço - só para exemplificar.

Enfim, o consentimento exige, em primeiro lugar, um lado interno, consistente em um ato de vontade deliberado; em segundo lugar, um ato externo, consistente na forma mediante a qual se exterioriza. Finalmente, a conformidade de dois movimentos: a oferta e a aceitação.

É impossível conceber-se um contrato sem a noção de *oferta* e *aceitação*, quer se trate de contratos entre presentes ou entre ausentes. São dois atos jurídicos distintos um do outro, não obstante se produzirem no mesmo contrato e possuírem o mesmo conteúdo.

4.2.2. Fundamentação

Para que o consentimento validamente exista, é indispensável que haja a presença da vontade e que esta esteja funcionando normalmente. Só então o negócio produzirá os efeitos colimados pelas partes. Se, entretanto, existir a vontade sem correspondência com aquela que representa a reserva mental do agente, o negócio jurídico será viciado ou deturpado, tornado-se anulável (art. 147, II) no prazo previsto no art. 178, § 9º, V, "a" e "b", do CCB.

É o caso em que se têm os vícios do consentimento (erro, dolo, coação) caracterizando a desavença entre a vontade real e a declarada. Existem, ainda, hipóteses em que se tem uma vontade funcionando normalmente, com evidente correspondência entre a vontade interna e sua manifestação externa; todavia, ela se desvia da lei, ou da boa-fé, infringindo o direito e prejudicando terceiros, sendo, por isso, o negócio jurídico anulável. Trata-se dos vícios sociais, como a simulação e a fraude contra credores, que comprometem a ordem jurídica pela afronta à lisura, à honestidade e à regularidade do comércio jurídico. Contaminam a vontade manifestada contra as exigências da ordem legal, tornando tal elemento volitivo juridicamente inoperante.

Toda a estrutura da relação obrigacional assenta na vontade individual, que é a razão de ser de sua força obrigatória. As partes não se vinculam senão porque assim o quiseram, e o papel da lei resume-se em consagrar esse entendimento. Nada pode o juiz ante essa vontade soberana; a sua função limita-se a assegurar o respeito, na proporção da inexistência de qualquer vício do consentimento ou de qualquer vulneração às regras de ordem pública.

Portanto, o consensualismo continua sendo um elemento indispensável a todo o contrato. Ele deve sempre existir, como dizem Planiol e Ripert,[127] ainda que não baste por si só para formar o contrato, e que essa formação exija o concurso de um outro elemento. O acordo deve ser completo, isto é, sobre tudo o que constitui o objeto do contrato. Se um dos contratantes levantar dúvidas ou objeções contra uma cláusula particular, o contrato não se formará, senão quando ele se decidir a aceitar a cláusula, a princípio, impugnada. Ao contrário, frustrar-se-á a relação contratual.

Manuel Ignácio Carvalho de Mendonça[128] no mesmo sentido, escreve: "O contracto é um acto jurídico em sua mais ampla compreensão". E prossegue, esclarecendo: quando o negócio jurídico depende da união de vontades, caracteriza o contrato que, por sua vez, não deve ser concebido como uma "coincidência de vontades, mas como uma reunião delas". Esse concurso, essa simultaneidade da oferta e da aceitação, ou esse "con-

---

[127] PLANIOL, Marcel y RIPERT, Jorge. *Op. Cit.*, T. VII, p. 322.

[128] MENDONÇA, Manuel Ignácio C. de. *Doutrina e prática das obrigações*. Curitiba: Tip. e Lith. Impressora Paranaense, 1908, v. I, p. 647.

sentimento recíproco - *expressões sinonímias* - é a qualidade característica que distingue, fundamentalmente, o contrato de outros atos jurídicos".

4.3. PRINCÍPIO DA RELATIVIDADE DOS EFEITOS

Regulando as relações humanas, visando a assegurar a ordem jurídica, o direito tutela determinadas categorias de interesses, das mais simples às mais complexas, e cada vez mais numerosas, à medida que os homens e as sociedades se aperfeiçoam. Consiste a tutela na formação de regras gerais e abstratas, abrangentes de determinada ou determinadas categorias de interesses, da conduta das pessoas em face desses interesses, antecipando-lhes qual será protegida pelo Estado, em caso de conflito. Por outras palavras, o direito, através de normas gerais e abstratas, prescreve a conduta das pessoas diante de um interesse, e, ainda - prevendo a possibilidade de ocorrerem certas hipóteses conflitantes - pinça as conseqüências que delas resultam.

O princípio da relatividade dos contratos governa sua eficácia. Trata-se de regra geral, que delimita o campo de aplicação das obrigações resultantes do acordo.

4.3.1. Conceituação

Na doutrina que expõe, ao interpretar o princípio da segurança jurídica, Luis Diez-Picazo[129] questiona o que se deve entender por segurança jurídica e segurança do tráfico jurídico. Para o Autor, a idéia de segurança se reveste de matiz diverso quando se fala não só de uma segurança jurídica, senão - e aqui bem mais acentuada -

---

[129] DIEZ-PICAZO, Luis. *Fundamentos del Derecho Civil Patrimonial: teoria del contrato, las relaciones obligatorias.* Madrid: Editorial Tecnos, 1972, v. I, p. 228.

de "*una seguridad del trafico juridico*". Vai desenvolvendo sua análise, apontando a obrigatoriedade do contrato, a boa-fé, o consentimento das partes e a regulamentação contratual, como regras de conduta para a perfeita consecução da chamada *lex contractus*. O contrato aparece, assim, como a previsão formulada pelas partes, da conduta que em suas recíprocas relações deverão observar. E conclui, afirmando que o contrato tem força de lei entre os contratantes (*lex contractus, lex privata*).

Quando o ordenamento jurídico permite a realização de negócios jurídicos privados, possibilita às pessoas constituírem, modificarem ou extinguirem, com suas vontades, deveres jurídicos. A eficácia almejada é semelhante àquela alcançada pelas normas jurídicas. A diferença principal radica em que, nestas se trata, predominantemente, de preceitos gerais, vinculativos de um número indefinido de destinatários, enquanto, nos negócios jurídicos, as regras são, geralmente, de condutas individuais, vinculativas para destinatários determinados. Por vezes, como já referido, alguns autores pretendem identificar nessa categoria jurídica, um meio de criação de regras jurídicas no seu mais amplo sentido. Mas, absolutamente, tal idéia não procede.

Já os romanos falavam de uma *lex contractus*. No negócio jurídico contratual, existe uma lei individual da vida diária (sem confundir-se com as leis ditadas pelo Estado). E quando, como sucede no Direito Moderno, amplos setores das relações entre pessoas privadas, e, em particular, da maior parte do tráfico patrimonial privado, estão a cargo da regulamentação por meio dos negócios jurídicos, goza esta instituição de uma importância prática que supera consideravelmente a do império imediato das normas jurídicas estatais. Pode-se dizer que a legislação privada individual rege a maioria das relações jurídicas privadas, que a lei privada relega ao segundo plano a lei estatal, que o direito privadamente legislado domina sobre extensas áreas do relacionamento social. Nesse sentido, significa qualificar plenamente os contratos privados como o reino da autolegislação, exercício da vontade no âmbito da autonomia privada.

Certo é, porém, que o campo de abrangência do negócio constitutivo de uma relação jurídica está regulado, às vezes, até em seus pormenores, por normas legais (ex.: contrato de locação (Lei nº 8.245/91), transmissão de propriedade imóvel (arts. 531 e segs.; Lei nº 6.015/73, art. 167, I). Nem por isso, descaracteriza sua função primordial - fonte de realização, ou criação, de preceitos normativos obrigatórios, vigentes entre as partes contratantes. E tão-somente entre estas, consideradas partes singularizadas, legitimadas por um manifesto interesse moral ou patrimonial.

O que seja aquilo que pode ser exigido por força de uma pretensão jurídica, a lei não estabeleceu de uma forma genérica. Os direitos e deveres de conduta singulares, as pretensões de restituição e de ressarcimento têm de ser deduzidos do ordenamento legal ou contratual, da relação negocial. Isto é importante para saber-se quando é que a relação obrigacional se extingue pelo adimplemento, na conformidade dos arts. 106 e 109 do CCB. O credor, dessa forma, corre sempre o risco de que o devedor não cumpra a obrigação, e de que este não possa prestar reparação do dano, por ser insolvente. Esta é a fraqueza dos direitos obrigacionais que, em numerosas situações do cotidiano (mais claramente no sistema creditício) provoca a necessidade de garantia real para as pretensões. Fica claro, entretanto, que a relação obrigacional tem eficácia relativa, pois vincula apenas as pessoas participantes.

O contrato assume, assim, força de lei, todavia, sua eficácia é, ordinariamente, limitada às partes contratantes. Seus efeitos produzem-se exclusivamente entre os contratantes, vinculando tão-somente aqueles que dele participam, não aproveitando nem prejudicando a terceiros - *res inter alios acta, aliis neque prodest neque nocent -*

(coisa havida entre as partes, a terceiros não ajuda nem prejudica). Por força desse princípio, o contrato entre as partes interessadas não pode obrigar a terceiros que nele não intervieram.

Ocorre que, essa relatividade dos efeitos dos contratos não pode ser interpretada de modo absoluto. Os efeitos internos - direitos e obrigações criados pelos contratantes - a eles se limitam; seu campo de aplicação corresponde, somente, às partes. As pessoas estranhas à constituição do vínculo contratual não sofrem, diretamente, a sua influência. Ou, podem ainda - como afirmam Planiol y Ripert,[130] - a par de sua eficácia restrita às partes, valerem a toda coletividade, visto que a existência dos contratos não pode ser indiferente a outras pessoas para as quais se torna oponível.

De modo geral, diz Orlando Gomes[131] *"ninguém pode tornar-se credor ou devedor contra a vontade, se dele depende o nascimento do crédito ou da dívida"*. Entretanto, esse princípio sofre exceções: há certas pessoas que, ligadas aos contraentes por interesses outros, sofrem, até certo ponto, os efeitos do acordo negocial. São as pessoas que os civilistas franceses denominam *les ayant-cause desparties* (os que têm relação com as partes).

Em regra, não é possível criar direitos e obrigações para alguém que não tenha participado da relação contratual. Mas há contratos que, não se inserindo na regra geral, estendem seus efeitos a outras pessoas, quer criando-lhes direitos, quer impondo-lhes obrigações. São exemplos: a estipulação em favor de terceiro (art. 1.098), que estende seus efeitos a outras pessoas, criando-lhes direitos e impondo-lhes deveres, apesar de elas serem alheias à constituição da avença, o contrato coletivo de trabalho (art. 611 da CLT), o contrato de seguro de vida no CC (art. 1.440), o fideicomisso *inter vivos* (art.

---

[130] PLANIOL, Marcel y RIPERT, Jorge. *Op. Cit.*, T. VII, p. 456.

[131] GOMES, Orlando. *Contratos*. 3 ed. Rio de Janeiro: Forense, 1971, p. 44.

1.733). São contratos em que o beneficiário, sem ter tido parte no ajuste, pode executá-lo como verdadeiro credor.

Caso particular a ser citado é o do herdeiro universal (art. 1.587) que, apesar de não ser partícipe da formação do contrato, terceiro não é, porque a sua posição jurídica deriva de uma das partes, como tal devendo ser tido, já que sofre os efeitos do trato contratual, embora a obrigação não se transmita para além das forças da herança, e lhe seja possível renunciar a esta (arts.1.581 a 1.590).

Nas situações jurídicas obrigacionais, o objeto perante o qual a norma posiciona os sujeitos é sempre uma prestação - um comportamento a que fica adstrito o devedor em benefício do credor. Não a pessoa mesma do devedor, como pensou Savigny,[132] nem os bens do devedor, como quis Polacco,[133] mas um ato do devedor: ação ou omissão devida ao credor, que pode pretendê-la e exigi-la, inclusive, judicialmente.

Portanto, a eficácia do contrato também é relativa ao objeto, pois dele surgem obrigações de dar, de fazer ou de não fazer. Entretanto, certos contratos, como os sinalagmáticos, produzem efeitos jurídicos particulares no que concerne ao seu adimplemento, caso em que deverão se examinadas questões pertinentes ao direito de retenção (arts. 516; 772, 2ª parte; 773; 1.130; 1.279, parág. único; 1.315), a *exceptio non adimpleti contractus* (art. 1.092, *caput*), às garantias por vício redibitório (art. 1.101) e por evicção (art. 1.107), entre outros, previstos no Código Civil.

O contrato tem, pois, um conteúdo normativo. Não se ignora que a lei oferece aos sujeitos de direito esquemas de negócios já formados - inclusive em seus detalhes - e que normalmente são utilizados, embora não se

---

[132] SAVIGNY, Friedrich Karl Von. *Droit des obligations*. Tradução por Gerardin et Jozon. Paris: F. Didot, 1838, v. I, p. 66.

[133] POLACCO, Vittorio. *Le obbligazioni nel diritto civile italiano*: seconda edizione riveduta ed ampliata. Roma: Athenaeum, 1915, v. I, p. 56.

afaste a possibilidade de criação dos tipos inominados. Na primeira hipótese, não falta o poder do sujeito sobre o conteúdo do negócio; o que ocorre é que lhe parece mais cômodo valer-se de um conteúdo normativo predisposto pela lei. As normas legislativas se vertem no negócio contratual, reconhece Luigi Ferri,[134] e *"se convertem em normas negociais"*.

O poder de constituir o conteúdo negocial não fica, por isso, excluído; o sujeito só teve a opção de recorrer a "peças pré-fabricadas". *"Las normas legales se ofrecen, no se imponem; el sujeto puede sustituirlas por otras diferentes o excluir sencillamente su aplicación"*, acrescenta Ferri. O fundamento econômico desta regra encontra-se na necessidade de adaptação do contrato aos fins empíricos dos contratantes, visto que, ao passar da abstração das normas à realidade social, as formas contratuais têm de se adaptar ao conteúdo econômico que, para o tráfico de bens (finalidade dos contratos), se propõe levar à liberdade dos contratantes.

Não obstante a variedade infinita de conteúdo, que a livre vontade das partes pode dar àquele esquema abstrato e geral, no qual, como referido, se transformou o moderno conceito de contrato, as várias figuras concretas ainda hoje se podem separar em grupos e categorias. Tal corresponde não só a uma exigência teórica, mas também, prática, pois há normas que são particulares a grupos determinados de contratos e não se poderiam aplicar a grupos diversamente caracterizados.

O esquema dessas categorias de relações pressupõe o envolvimento da noção do princípio da relatividade contratual, pois é em nome da sistematização de interesses que se sustenta o papel da vontade das partes integrantes. A eficácia do vínculo contratual, que já os romanos equiparavam a um preceito de lei (*lex contractus*),

---

[134] FERRI, Luigi. *La autonomia privada*. Tradución y nota de Derecho español por Luis Sancho Mendizábal. Madrid: Editora Revista de Derecho Privado, 1969, p. 66.

foi reforçada pelo direito canônico e, mais, pelo direito natural é o paladino das vontades individuais e do império de seu acordo. Para Biagio Brugi[135] "*los contratos formados legalmente tienen fuerza de ley para quienes los realizaron y que sólo pueden revocarse por consentimiento mutuo o por causas autorizadas por la ley*". Com o advérbio "legalmente", traduz-se o ajuste do contrato (acordo das vontades participantes) aos limites da ordem jurídica que, sendo singularmente bilateral, forma um todo irrescindível unilateralmente. De tal modo, a prestação de um dos contratantes tem unidade jurídica com a do outro e, ainda que se deva levar a cabo por entrega, se estima, em certo ponto, condicionada à exata prestação da outra parte.

4.3.2. Fundamentação

Esse princípio limita os efeitos da relação negocial às partes que dela participam, ou seja, os terceiros ficam imunes aos efeitos e alheios a sua influência. Portanto, em relação a terceiros, o negócio jurídico será sempre *res inter alios*. Isso é natural, pois, se o vínculo contratual emana da vontade das partes, não pode aproveitar ou prejudicar terceiros. O contrato obriga e vincula, como já afirmado, apenas seus participantes, e em relação a estes tem força de lei.

Realmente, se de um lado, nenhum terceiro pode ser vinculado a um ato negocial ao qual não anuiu, por outro, a existência de um contrato produz efeitos no meio social, repercutindo em face de terceiros, que deles não podem escapar por força de lei ou da vontade das partes. É o caso, por exemplo, do pacto de retrovenda (art. 1.142) que, sem ser direito real, tem eficácia direta

---

[135] BRUGI, Biagio. *Instituciones do derecho civil*. Tradução por Jaime Simo Bofarull. 4. ed. México: Union Tipografica Editorial Hispano Americana, 1946, p. 300.

contra terceiros; da compra e venda de bens imóveis (art. 172 da Lei nº 6.015/73); do pacto com reserva de domínio (art. 66, § 1º, da Lei nº 4.728/65), que tem repercussão *erga omnes;* da estipulação em favor de terceiro (art. 1.098, par. único).

Assim, como autêntica exceção ao princípio da relatividade das relações obrigacionais, não se pode ter senão aquela obrigação que surge quando um contrato celebrado entre determinadas partes produz, não obstante, efeitos que se estendem a outras pessoas que não participaram da sua constituição.

Entretanto, cabe assinalar que o contrato produzirá efeitos em relação a terceiro, se uma pessoa se comprometer com outra a obter prestação de fato de um terceiro não-participante dele, caso em que se configura o contrato por terceiro, previsto no CCB, art. 929. Como sucede na estipulação em favor de terceiro, esse contrato requer, para a sua formação, a presença de duas pessoas capazes e aptas a criar direitos e obrigações, que ajustam um negócio tendo por objeto a prestação de um fato que deverá ser cumprido por outra pessoa.

O devedor deverá obter o consentimento do terceiro, pois este é que deverá executar a prestação final. Se este consentir em realizá-la (constitui uma obrigação de fazer), executa-se a obrigação do devedor primário que se exonera. Porém, se o terceiro não a cumprir, o devedor *originário* será inadimplente, sujeitando-se, então, ao ressarcimento pelas perdas e danos (art. 929), de forma que o credor terá ação contra ele, e não contra o terceiro.

4.4. PRINCÍPIO DA OBRIGATORIEDADE DAS CONVENÇÕES

Em teoria, entende-se que o homem pratica uma operação verdadeiramente livre quando manifesta a sua vontade, quer convencionando, quer contratando. No uso e gozo dessa sua liberdade assume, entretanto, a obrigação que deve ser cumprida como um dever de consciência, como um imperativo categórico.

4.4.1. Conceituação

O conceito de obrigatoriedade flui da própria evolução das relações humanas.

A História, ao reproduzir a marcha da Humanidade, conta que na época dos descobrimentos, caravanas que realizaram a travessia de vastas regiões, indo da Pérsia à Babilônia, da Arábia à Fenícia, transpondo desertos, cruzando os grandes rios da Ásia, permutavam seus produtos em suas vendas e compras.

O povo não tinha, ainda, lei escrita. Regia-se pela lei natural - não promulgada - uma mesma lei entre todos os povos e em todos os tempos; eterna e imutável. O costume imperava como regra. Todavia, diante do crescimento das relações comerciais entre os povos, impunha-se o estabelecimento de normas que fossem suscetíveis de execução.

O comércio já não se fazia só por meio de permuta. O dinheiro tornou-se o elemento normal das transações. A circulação dos produtos criou a circulação da moeda. E, assim, pouco a pouco, o comércio deu origem ao instituto do contrato, nexo que liga as pessoas entre si, nas múltiplas relações de direito, fazendo com que as obrigações se formem, se modifiquem ou se extingam.

Quando Solon[136] pretendeu dar leis aos atenienses, foi contestado por aqueles que consideravam ser impossível reprimir, por leis escritas, a injustiça e cupidez dos homens. Mas Solon respondeu-lhes que os homens guardam e respeitam as convenções entre si.

---

[136] SOLON. *apud* GURGEL, J. Amaral. *Contratos no CCB*. São Paulo: Saraiva, 1939, p. 10.

Por esse tempo, os homens já haviam percebido que não tinham vantagem em deixar de cumprir a palavra empenhada, mesmo antes de a lei escrita criar sanções para os transgressores das convenções.

Dessa forma, infere-se o conceito de obrigatoriedade. A obrigação assumida foi sempre uma manifestação do direito natural que tem todo o homem de se obrigar, e "por meio dela manifestar a liberdade que ele não pode alienar", como escreve Ripert.[137] Assim, o direito natural, através dos séculos, vem ensinando que o contrato, porque é voluntário, é conforme a lei moral, e a moral ordena o respeito à palavra empenhada.

Diz o Primeiro Evangelho:[138] *"Omnia ergo quaecumque vultis ut faciant vobis homines, et vos facite illis. Haec est enim lex"*. Ou seja: "tudo o que quiserdes que os outros homens vos façam, fazei-o vós também a eles, porque esta é a lei".

Ora, ninguém quer que o seu devedor lhe falte com o prometido na época fixada, portanto, não deve, também, fugir ao adimplemento da obrigação que assumiu para com outrem.

Com a escola do Direito Natural, a idéia da origem divina do Direito substitui-se pela da lei natural. As liberdades naturais passam a se considerar fundamento e fim do Direito. Declara-se a existência de leis da natureza, descobertas pela razão, que devem dominar as legislações. Essas leis fundamentam e favorecem a sociedade dos homens. Ora, não há regra mais favorável à dita sociedade que aquela segundo a qual se é obrigado pelo contrato, e porque, assim, se quis. O contrato, portanto, é manifestação da vontade humana, e a liberdade contratual uma das virtudes naturais.

---

[137] RIPERT, Georges. *A regra moral nas obrigações civis*. Tradução por Osório de Oliveira, da 3. ed. Do original francês "La Régle Morale Dans Les Obligations Civile. São Paulo: Livraria Acadêmica, 1937, p. 19.

[138] *Biblia sacra*: vulgatam clementinam. Nova Editio. Madrid: Biblioteca de Autores Cristinianos, 1946, cap. VII: 12.

À medida que as nações se organizaram, e os homens entraram no caminho da civilização, cada povo foi fixando normas sobre os direitos e as obrigações das pessoas entre si, nas relações comerciais, estabelecendo usos e costumes que regravam o cumprimento do prometido ou convencionado.

Nada pode exprimir melhor a virtude vinculativa da relação contratual do que igualar o contrato a uma lei, porque, assim como esta impõe preceitos universais e coativos, aquele também os impõe, todavia, especiais e particularizados para as partes que constituíram o vínculo. Parece que esse fundamento é o que pretende significar o Código Civil Francês (art. 1.134), quando afirma que os contratos legalmente celebrados (formados) têm força de lei para aqueles que os tenham realizado, e não que o contrato tenha a virtude criadora de normas jurídicas, pois que precisamente a eficácia obrigatória do acordo pressupõe essa mesma existência de uma lei que a reconheça.

Esse princípio de obrigatoriedade é assim, porque o contrato, uma vez concluído livremente, incorpora-se ao ordenamento jurídico, constituindo uma verdadeira norma de direito, autorizando, portanto, o contratante a pedir a intervenção estatal para assegurar a execução da obrigação porventura não cumprida, segundo a vontade que a constituiu.

Nem é mais do que uma conseqüência, logicamente necessária, da obrigatoriedade coativa do vínculo, o princípio reconhecido de não poderem os contratos ser revogados senão por mútuo consenso, ou por causas autorizadas pela lei.

Vale assinalar que a fórmula geral "causas autorizadas pela lei" engloba todas as causas, comuns a qualquer contrato, ou particulares de determinadas figuras. O termo final (art. 124), a condição resolutiva (art. 119), a impossibilidade superveniente da prestação (art. 1.092, parágrafo único), a revogação por causa de ingratidão (art. 1.181), a morte de um dos contraentes em determinados contratos, como nos de locação de serviços (art. 1.226, VIII, art. 1.233), de sociedade (art. 1.399, IV), são exemplos dessas causas que a CCB reconhece como hábeis para a sua resolução.

A verdade é que o respeito à palavra dada nem sempre pode ser mantido intransigentemente, pois o próprio direito positivo cria situações, como no arrependimento, em que o descumprimento do contrato não só deixa de ser um fato culposo, como se constitui no exercício de um direito: o direito de arrependimento (arts. 1.088 e 1.095).

O contrato é intangível, a menos que ambas as partes o rescindam voluntariamente ou haja escusa por caso fortuito ou força maior (art. 1.058, parágrafo único). Esse princípio da força obrigatória funda-se na regra de que o contrato é lei entre as partes, desde que estipulado com observância aos seus requisitos de validamento. Todavia, devido ao dirigismo contratual, o princípio *pacta sunt servanda* não é absoluto. Casos haverá em que se terá a revisão judicial dos atos negociais (art. 6º, V, da Lei nº 8.078/90, por exemplo), em razão do desequilíbrio sofrido em conseqüência de fatos imprevisíveis nas relações contratuais, que podem até acarretar a exploração de um sobre o outro, sob a proteção do contrato.

Sendo assim, a força vinculante do contrato restringe-se às partes contratantes, isto é, às pessoas que, em virtude de suas declarações de vontade, o estipularam direta ou indiretamente. Todavia, em nosso direito, não é necessária a intervenção direta do contratante, já que nada impede que se contrate por meio de representante, mesmo sob a forma de gestão de negócio, hipótese em que a ratificação posterior do titular produzirá as conseqüências jurídicas do mandato.

4.4.2. Fundamentação

No decurso da história humana, a obrigatoriedade dos contratos teve bases diversas. A princípio, era o *votum* dos povos arianos, ou promessas que se faziam comendo e bebendo juntos, pois que os deuses e os mortos estavam sempre presentes nos banquetes. A antropofagia sagrada era uma cerimônia comum, e nela tudo constituía elemento divino que formava o cortejo da obrigatoriedade dos contratos. Além desse elemento, existiam símbolos da força individual, destinados a suscitar o terror da violação dos pactos.

Ao *sacramentum* nos contratos correspondia, como é natural, uma notável especialidade de preceitos. Os contratos tinham, cada um, regras peculiares. A generalização de regras comuns a todos, formando uma verdadeira teoria das obrigações, só se formulou bem mais tarde.

Inato permaneceu sempre no homem, refere Serpa Lopes,[139] o sentimento de manter-se fiel à palavra dada, como igualmente instintiva a tendência imperiosa de confiar nas promessas, de viver seguro dos pactos firmados. O direito repousa, assim, em uma *fides* constante. Mas, qual a razão dessa força contratual?

Uma primeira corrente doutrinária fundamenta a força obrigatória do contrato no princípio da sociabilidade, ou do pacto social, convenção tácita e primitiva estabelecida entre os homens, tendo em vista permanecerem fiéis às suas promessas; outros autores entendem a obrigação fundada na abdicação do próprio direito; há o sistema do interesse, em que a obrigatoriedade do contrato partiria do próprio interesse do homem em manter a sua promessa, e isso em seu próprio proveito; e finalmente, acham alguns que a fidelidade do homem às suas promessas parte da lei natural, compelindo-o a

---
[139] LOPES, Miguel Maria de Serpa. *Op. Cit.*, v. II, p. 23.

dizer a verdade, fundamento este sustentado por Del Vecchio.[140]

Há um velho aforisma jurídico que se constitui em um dos fundamentos do direito: *pacta sunt servanda*. Essa regra emana da própria essência da relação contratual e justifica o próprio liberalismo do século XX, pois, se as partes optaram por se vincularem livremente, devem honrar o que pactuaram. Ou seja, a força vinculante do contrato tem seu cerne em duas importantes combinações: na expressão da liberdade de os indivíduos regularem seus próprios interesses e na boa-fé que impõe o cumprimento do acordo de vontades.

Todavia, dito compromisso poderá ser quebrado pelo mesmo motivo que lhe deu origem - a vontade das partes - que, nesse caso, se expressa através do distrato.

Como se depreende, a questão é mais filosófica do que jurídica.

4.5. PRINCÍPIO DA BOA-FÉ

Existe uma grande discussão a respeito do conceito de boa-fé, seus elementos caracterizadores e limites, sua natureza ética ou psicológica, e a distinção entre uma boa-fé jurídica e a boa-fé social.

A boa-fé - estado psicológico, julgado e medido segundo critérios ético-sociais e manifestado através de atos, atitudes ou comportamentos reveladores de uma crença positiva errônea, ou de uma situação de ignorância, ou de uma ausência de intenção malévola, segundo os casos e conforme as exigências legais - é ora protegida, ora reclamada pela lei, sempre por um fundamento de justiça: o Direito se aperfeiçoa à medida que leva em conta a boa-fé.

---

[140] DEL VECHIO, Giorgio. *Lições de filosofia do direito*. 2. ed. Coimbra: A. Amado, 1951, p. 489.

4.5.1. Conceituação

Aceita-se hoje que o conceito ético ou psicológico de boa-fé é mais uma questão de grau do que de essência. Para os lexicólogos, o vocábulo tem o significado de certeza de agir amparado pela lei, ou sem ofensa a ela. Como princípio, aponta-se a constância e a sinceridade nas promessas.

As modernas legislações foram buscar nas fontes romanas o princípio da boa-fé, como um dos limites à autonomia da vontade para atenuar o desequilíbrio entre as partes.

Os romanistas costumam dividir os contratos em quatro classes, segundo sua constituição - *re, verbis, litteres, solo consensu*. E classificam a formação desses contratos como sendo de direito estrito ou de boa-fé. Os primeiros teriam derivado do direito romano primitivo, que só conhecia os contratos formais, rigorosos, devendo sua apreciação atender tão-somente ao texto contratual, sem possibilidade de o magistrado lançar mão da eqüidade para a sua interpretação. Os demais contratos teriam seu embasamento na boa-fé, regulados e interpretados segundo a eqüidade, e sem dependência de forma ou solenidade para produzir sua eficácia. As respectivas ações sancionatórias recebiam um nome distinto para cada contrato.

Essa diversidade tinha importância na medida em que fosse necessário invocar mais nitidamente a formulada e correspondente ação: ou seria uma ação de direito estrito, ou seria uma ação de boa-fé.

As relações entre romanos e peregrinos, que receberam um grande impulso pela expansão do comércio marítimo romano e por seu desenvolvimento após o término da primeira guerra púnica, deram causa à formação do *ius gentium*. O elemento vinculante e o princípio normativo desse complexo jurídico é justamente a *fides*, com a ulterior qualificação ética de *fides bona* ou *bona fides*. Nascia, assim, o conceito objetivo de boa-fé, de lealdade comercial, que regulava o mundo do comércio. Cabia ao *praetor peregrinus* dar sanção processual ao complexo de relações, tendo como critério normativo a *fides bona*.

O recurso à *fides bona* qualificava o juízo como *bona fidei iudicium*, em contraposição aos antigos contratos que permaneceram sob o método de interpretação restrita.

Pontes de Miranda[141] considera a *boa-fé* expressão ambígua, reminiscência do que o pretor estabelecia às partes e ao juiz, sob o nome de *"bona fides"*. Para ele:

"Regras de boa-fé são regras de uso do tráfico, gerais, porém de caráter cogente, que de certo modo ficam entre as regras jurídicas cogentes e o direito não-cogente, para encherem o espaço deixado pelas regras jurídicas dispositivas e de certo modo servirem de regras interpretativas".

Esclarece o Mestre:

"Quando se diz que os usos podem servir ao juiz para se apreciar a boa-fé, porque são o resultado de exame repetido das diferentes situações da vida, apenas se fala de dois sentidos de uso, pois que é uso proceder de boa-fé".

O Direito Moderno não admite os contratos de direito estrito dos romanos, cuja interpretação deveria ser feita literalmente. Tais contratos somente poderiam existir num sistema dominado pelo princípio do formalismo. Uma vez que hodiernamente vigora o princípio do consensualismo, as partes devem agir com lealdade e confiança recíprocas. Em síntese: devem proceder de boa-fé.

Entre os fins a que visam semelhantes restrições, destacam-se: o de assegurar a lisura e correção com que as partes devem agir na preparação e execução dos

---

[141] PONTES DE MIRANDA, Francisco C. *Op. Cit.*, T. III, pp. 332-3.

contratos; o de garantir o quanto possível aquilo que Von Tuhr[142] chamou de *"a justiça real"* (não a simples justiça formal expressa pela igualdade jurídica dos contraentes) nas relações entre as partes, acima da desigualdade econômica e da diversa condição social que muitas vezes as separa; e o de perseverar a integridade de certos valores essenciais à vida das relações, como sejam a confiança recíproca dos contratantes, a segurança do comércio jurídico e a certeza do direito.

Nos negócios bilaterais, o interesse conferido a cada participante da relação jurídica encontra sua fronteira nos interesses do outro figurante, dignos de serem protegidos. O princípio da boa-fé opera, aqui, significativamente, como mandamento de consideração ou dever.

Esse elemento especial dos contratos, amplamente estudado pela doutrina, diz respeito à seriedade e correção na emissão da vontade. Cada contratante deve emitir uma declaração livre de vontade, isto é, não padecer de erro, nem estar constrangido por dolo, violência ou lesão. Igualmente, a vontade deve emanar de pessoas capazes e sinalar um conteúdo lícito ao contrato.

Esse princípio, na interpretação de Joseph Esser,[143] contribuiu para determinar "o que" e o "como" da prestação e, ao relacionar ambos os figurantes do vínculo, fisca, também, os limites da prestação.

Obediente a essa interpretação, o princípio da boa-fé, exigindo comportamento leal e tendo por objetivo proporcionar aos sujeitos de qualquer relação obrigacional aquela confiança que é necessária às relações sociais de intercâmbio de bens e serviços, já é uma antecipação do princípio da justiça contratual, que prevê, substan-

---

[142] VON TUHR, Andreas. *Derecho civil*: teoria general del derecho civil aleman. Buenos Aires: Editorial De Palma, 1946, v. I, T. I, p. 48.

[143] ESSER, Joseph. *Principio y norma en la elaboracion jurisprudencial del derecho privado*. Barcelona: Bosch, 1961, p. 99.

cialmente, o equilíbrio entre compromissos assumidos e beneficies esperados.

Pode ocorrer que uma das partes, ou ambas em comum acordo, não queiram obrigar-se realmente, faltando, nesse caso, uma declaração séria de vontade. Exige-se, também, que a vontade seja correta, isto é, que não se converta em um instrumento de fraude. Portanto, o contexto do relacionamento jurídico não só exige que a vontade emane de uma pessoa capaz de exercitar seus direitos e obrigações por si só, isenta de vícios que a possam prejudicar, como, também, que obre de boa-fé, querendo assumir, realmente, a obrigação.

Windscheid[144] a conceitua deste modo: "Per buona fede si deve intendere l'onesta convinzione, che nell'appropriamento della cosa nessuma ingiustizia materiale vienne commessa". Evidencia-se, pois, que por boa-fé se deve entender a honesta convenção de que na apropriação da coisa, nenhuma injustiça material será cometida.

Para melhor esclarecer os critérios que distinguem o princípio da boa-fé, devem-se buscar premissas que podem parecer um pouco remotas, todavia, estão absolutamente presentes.

Quando a lei cita a boa-fé, refere-se a um conceito e a um critério valorativo que não foi forjado pelo Direito, mas que o ordenamento jurídico recebe e assume da consciência e ética social para a qual é chamado a existir. Ao Direito, como subsistema do sistema moral cabe, apenas, recepcioná-la.

Para que se possa avaliar o alcance dos critérios que definem o princípio da boa-fé, é necessário ater-se ao complexo de exigências que uma determinada sociedade impõe àqueles que a formam, ou seja, que a comunidade de sujeitos tenha caráter cultural, ou, em geral, existencial e prático. Assim, na órbita de uma comunida-

---

[144] WINDSCHEID, Bernhard. *Diritto delle pandette*. Tradução por Carlos Fadda e Paolo Emilio Bensa. 8 ed. Torini: UTET, 1902, v. I, T. I, § 176.

de humana pressupõe-se a existência de compreensão, de equivalência intelectual, capaz de colocar os seus membros em condições de se entender na linguagem, no pensamento, na concepção de vidas.

É muito importante dar-se conta do significado que esta expressão *boa-fé* adquire fora do campo das obrigações, porque, em um exame específico das relações obrigacionais, apresenta-se a necessidade de diferenciar o que é simples e elementar conduta de correção do que é a *boa-fé* exigida para o cumprimento da expectativa do credor.

A diferença entre um e outro critério consiste, essencialmente, em que a lealdade normalmente é imposta em caráter negativo (contida na máxima romana *alterum non laedere);* a boa-fé impõe obrigações de caráter positivo. Assim, tem-se que o critério da correção ou da lealdade não se identifica com o critério da boa-fé, a que o Código Civil se refere, por exemplo, na interpretação dos contratos (art. 85) e, sobretudo, na execução dos contratos (art. 1.092).

O dever de agir de acordo com a boa-fé está presente em todas as fases da vida do contrato. Ela tem uma primeira manifestação logo nas negociações que precedem o contrato, resultando da sua violação a responsabilidade pré-contratual, mas a sua importância só é revelada, em plenitude, na conclusão do pacto, na sua interpretação e execução. Ela chega mesmo a justificar a extinção de obrigações, com resolução de contratos. E, ainda dá nova luz a vários outros institutos, como é o caso dos vícios do consentimento.

Sendo assim, com suas múltiplas significações dentro do Direito, a boa-fé refere-se, por vezes, a um estado subjetivo decorrente do conhecimento de certas circunstâncias, em outras, diz respeito, por exemplo, à aquisição de determinados direitos como o de perceber frutos.

Vale assinalar que a doutrina refere-se a dois conceitos distintos:
- o da boa-fé subjetiva;
- o da boa-fé objetiva.

Na acepção subjetiva, conota uma *crença*, um estado de ignorância sobre as características da situação jurídica que se apresenta, suscetível de conduzir à lesão de direitos de outrem. Nessa situação de boa-fé subjetiva, uma pessoa acredita ser titular de um direito que na realidade não tem, porque só existe na aparência. Pode ser exemplificada com a maioria dos preceitos onde é citada no Código Civil, como no art. 221 (efeitos do casamento putativo), art. 255, parágrafo único (terceiros de boa-fé prejudicados pela anulação de atos praticados por um só dos cônjuges), arts. 490 e 491 (posse de boa-fé), arts. 510 e seguintes (efeitos da posse), arts. 550, 551 e 618 (aquisição pela usucapião), art. 622 (tradição feita à adquirente de boa-fé), art. 935 (pagamento a credor putativo), art. 968 (alienação de imóvel indevidamente recebido), art. 1.072 (cessionário de boa-fé), arts. 1.318 e 1.321 (reconhecimento da revogação ou da extinção do mandato), art. 1.507 (portador de boa-fé de título ao portador).

Menezes Cordeiro[145] pondera que:

> "Mesmo propugnando por uma boa-fé subjetiva, psicologicamente definida como um estado de ignorância, está-se, na realidade, a traduzir uma conjunção diferente, bastante mais completa e complexa. É ela, pelo menos, esta: na boa-fé possessória não se está a proteger um estado de ignorância, mas antes, uma situação objetiva - a própria posse; a decisão sobre a boa-fé, utiliza a ignorância apenas como lugar expressivo pois, na verdade, ela

---

[145] CORDEIRO, Antônio Manuel da Rocha e Menezes. *A boa-fé no direito civil*. Coimbra: Almedina, 1984, v. I, p. 304.

assenta sobre elementos exteriores, com primado para o título".

Todavia, para falar-se em boa-fé subjetiva, exige-se uma ignorância que seja desculpável da situação de lesão do direito alheio. Só será considerada de má-fé (indesculpável), quando o agente tiver agido com desrespeito a deveres de cuidado, ainda que se lhe possa atribuir um desconhecimento meramente culposo.

Já a boa-fé objetiva caracteriza-se como uma regra de conduta, um dever de agir de acordo com determinados padrões de correção.

No âmbito das obrigações, manifesta-se esse princípio como máxima objetiva que determina aumento de deveres, além daqueles que a convenção explicitamente constitui. Endereça-se a todos os partícipes do vínculo e pode, inclusive, criar deveres para o credor, o qual, tradicionalmente, era apenas considerado titular de direitos.

Aliás, como já foi afirmado, os contratos representam o principal campo de aplicação da boa-fé objetiva. A boa-fé contratual, especificamente, traduz-se no dever de cada parte agir de forma a não defraudar a confiança da contraparte. Impõe-se, em primeiro lugar, ao devedor e ao credor, mas, como adverte Larenz,[146] alcança outros participantes da relação jurídica.

Por esse critério, assevera ele, tal dever em primeiro lugar, dirige-se ao devedor, com o mandado de cumprir a sua obrigação, atendo-se não só à letra, mas também ao espírito da relação obrigacional correspondente. Em segundo lugar, dirige-se ao credor, com o mandado de exercer o direito que lhe corresponde, atuando segundo a confiança depositada pela parte e a consideração altruística que essa outra parte possa pretender segundo a classe de vinculação especial existente. Em terceiro lugar, dirige-se a todos os participantes da relação jurí-

---

[146] LARENZ, Karl. *Op. Cit.*, T. I, p. 148.

dica em questão, com o mandado de se conduzirem conforme corresponder, em geral, ao sentido e à finalidade desta especial vinculação e a uma consciência honrada.

Tal segurança é essencial para o intercâmbio de bens e serviços, para o perfeito funcionamento da economia e tem na sua base uma relação de confiança. Quando a lei impõe a quem se obrigou a necessidade de cumprir o compromisso assumido, está apenas protegendo, no interesse geral, a confiança que o credor legitimamente tinha em que o seu interesse particular seria satisfeito.

Assim, a boa-fé jurídica - apta a produzir efeitos jurídicos - é a objetiva, por duas razões: porque impede que o negligente e o impulsivo fiquem em uma situação mais vantajosa do que o avisado e prudente, e porque possibilita lograr um critério certo de estimação jurídica.

Quando um sujeito está ligado a outro pelos laços de determinada relação jurídica (em especial podem ser citados os negócios jurídicos), que lhe imponha especiais deveres de conduta, infringirá a boa-fé sempre que não proceder em conformidade com tais deveres, qualquer que seja o motivo da desconformidade - atitude dolosa, uma situação meramente culposa ou, até, um estado de ignorância não-culposa associada a uma obrigação de agir segundo determinados padrões de conduta.

É nesse sentido objetivo que a doutrina refere-se à boa-fé ou à má-fé, citando o Código Civil no art. 109 (a má-fé de terceiros, os quais, com o propósito de prejudicar credores, adquirem imóvel de devedor insolvente), art. 112 (presumem-se de boa-fé os negócios ordinários praticados por devedor insolvente), art. 1.002 (novação por substituição do devedor, se feita de má-fé, não impede ação contra o primitivo devedor), art. 1.073 (cessão a título gratuito de má-fé), arts. 1.404 e 1.405 (renúncia de sócio feita de boa-fé e má-fé) e arts. 1.438, 1.443 e 1.444 (deveres, no contrato de seguro, de agir de acordo com a mais estrita boa-fé e veracidade).

E assim delimitada a matéria, apura-se que, sob os mencionados aspectos, a boa-fé exerce, nos atos jurídicos, funções e efeitos de suprimento de incapacidade, saneamento de atos nulos ou anuláveis, de aquisição de direitos e, de modo geral, de proteção dos interesses legítimos, ou direitos de terceiros.

O menor relativamente incapaz, por exemplo, não é privado de vontade jurídica, mas, para que sua declaração de vontade possa produzir efeitos válidos, é preciso que seja emitida com a assistência de quem de direito (Código Civil, art. 384, V; art. 406). Se esse menor, no entanto, praticar, ele só, um ato jurídico, ocultando sua idade ou declarando-se maior, sua declaração prevalecerá, obrigando-o perante a parte que de boa-fé com ele houver contratado (Código Civil, art. 155); e não mais poderá, mesmo assistido, alegar a existência de um conflito entre sua vontade perfeita - como seria a complementada por seu assistente - e o conteúdo do ato.

Considerada, na hipótese, a situação do menor relativamente incapaz, cabe falar-se em inadmissibilidade de invocação do próprio dolo (o menor relativamente incapaz responde, inclusive, pelas obrigações resultantes dos atos ilícitos em que for culpado - Código Civil, art. 156); considerada, porém, a situação da outra parte, é da proteção de sua boa-fé que se trata, isto é, de sua boa-fé saneadora do defeito de incapacidade do outro contraente.

De forma similar à subjetiva, também a boa-fé objetiva tem na sua base uma idéia de confiança. Só que, na boa-fé subjetiva, se tutela a confiança de quem acredita em uma situação aparente; na objetiva, tutela-se a de quem acreditou que a outra parte procederia de acordo com os padrões de conduta exigíveis.

Seja como fidelidade a um acordo concluído, seja como compromisso ao cumprimento de uma expectativa alheia, o princípio encerra, essencialmente, fidelidade e compromisso de cooperação.

4.5.2. Fundamentação

A doutrina refere que muitos códigos são expressos, ao afirmar que os contratos devem ser pactuados, interpretados e executados segundo o princípio da boa-fé. Como visto, a boa-fé pode ser aplicada de três maneiras:
- como supridora de nulidades, integradora de incapacidades e como saneadora de vícios;
- como critério de moralidade, como dever de agir com lealdade na celebração dos negócios jurídicos e de cumprir lealmente as obrigações;
- como princípio interpretativo da norma jurídica e da vontade das partes.

Nos tempos atuais, predomina o princípio de que "todos os contratos são de boa-fé", já que não existem mais, no Direito Civil, formas sacramentais para as declarações de vontade nos negócio jurídicos patrimoniais, mesmo quando a lei considera um contrato solene. O intérprete, portanto, em todo e qualquer contrato, tem de se preocupar mais com o espírito das convenções do que com sua letra. Tal como expresso no texto do art. 85 do CCB, o princípio em cogitação significa que "o literal da linguagem não deve prevalecer sobre a intenção manifestada na declaração de vontade, ou dela inferível", na segura opinião de Orlando Gomes.[147]

Além de prevalecer a intenção sobre a literalidade, compreende-se no princípio da boa-fé, a necessidade de interpretar o contrato segundo os ditames da lealdade e confiança entre os contratantes, já que não se pode aceitar que um dos contratantes tenha firmado o pacto de má-fé, visando a locupletar-se injustamente à custa de prejuízo do outro. O dever de lealdade recíproca acha-se explícito, por exemplo, no Código Civil Alemão,

---
[147] GOMES, Orlando. *Op. Cit.*, p. 43.

e prevalece doutrinariamente em todo o direito de raízes romanas como o nosso ordenamento.

O BGB[148] (Bürgerliches Gesetzbuch), em vigência desde 1896, prescreve que "os contratos devem ser interpretados como exigem a boa-fé e a intenção das partes determinadas segundo os usos" (§ 157); e, um de seus mais conhecidos preceitos (§ 242) dispõe que "o devedor é obrigado a efetuar sua prestação como exigem a boa-fé e a intenção das partes determinada segundo os usos".

"O contrato deve ser interpretado e executado segundo a boa-fé", dispõem os arts. 1.366 e 1.375 do Código Civil Italiano de 1942 que ainda prevê no art. 1.337: "As partes, no desenvolvimento das tratativas e na formação do contrato devem comportar-se segundo a boa-fé".

Já o Código Civil Suíço, vigente desde 1907, no art. 2º estabelece que "cada um deve exercer os seus direitos e cumprir a suas obrigações segundo as regras da boa-fé".

E o atual Código Civil Português de 1966 dispõe:

"Quem negoceia com outrem para conclusão de um contrato deve, tanto nos preliminares como na formação dele, proceder segundo as regras da boa-fé, sob pena de responder pelos danos que culposamente causar à outra parte" - art.227/1.

"No cumprimento da obrigação, assim como no exercício do direito correspondente, devem as partes proceder de boa fé" - art. 762/2.

Dito princípio, no Código Civil Brasileiro, não foi consagrado em artigo expresso, como regra geral. Todavia, para se ter uma idéia do alcance jurídico do contrato, como forma de expressão moral da boa-fé, basta examinar as conseqüências jurídicas que os contratos

---

[148] *Apud* NORONHA, Fernando. *O direito dos contratos e seus princípios fundamentais*. São Paulo: Saraiva, 1994, pp. 125-126.

viciados oferecem (arts. de 86 a 113). Contra a teoria de que, para se produzir um efeito jurídico contratual, há de existir sempre uma vontade interna, está o conceito da própria boa-fé e moralidade que o direito exige na constituição dos negócios jurídicos. O importante é o sentido do contrato tal como tem de ser compreendido e desenvolvido, conforme a boa-fé.

Regra expressa, consagrando o princípio, está prevista no Projeto que institui o Código Civil (Projeto de Lei nº 634-B, de 1975), aos dispor: "Art. 422. Os contratantes são obrigados a guardar, assim na conclusão do contrato, como em sua execução, os princípios de probidade e boa-fé".

Entendido como dever imposto às partes de agirem de acordo com determinados padrões de conduta, tal debate nunca poderia significar que ele não tivesse relevo jurídico Afinal, trata-se de princípio fundamental, sem o qual, de resto, ficariam incompreensíveis os preceitos esparsos que no CCB se reportam à necessidade de pautar condutas de acordo com a boa-fé. Inclusive a tais preceitos esparsos acrescem atualmente dispositivos expressos do Código de Defesa do Consumidor em seus arts. 4º, III, e 51, IV.

Por ser princípio básico, estende-se, não apenas à execução do contrato (ao cumprimento da obrigação e ao exercício no correlativo direito de crédito (art. 968) mas, também, ao período de preparação e formação do contrato (art. 1.082), consistente no dever de cada parte agir de forma a não fraudar a confiança da outra parte.

A lei civil brasileira, no entanto, atenuou o rigor do princípio e admitiu boa-fé mesmo quanto ao título putativo, reputanto existente, ou tido como válido. O art. 490, em seu parágrafo único, prevê: "O possuidor com justo título tem por si a presunção de boa-fé, salvo prova em contrário, ou quando a lei expressamente não admite esta presunção".

Assim, quem não tem justo título, ou tem título desprovido de valor, também poderá argüir boa-fé, contanto que prove sua ignorância do vício "ou o obstáculo que lhe impede a aquisição da coisa, ou do direito possuído" (art. 490). Por outro lado, a circunstância de reconhecer-se na boa-fé a natureza de preceito ético não implica negar-lhe a relevância que lhe atribui, por exemplo, em matéria de integração, o Direito das Obrigações. Embora o Código Civil não faça referência expressa à boa-fé, como o fez o BGB (ainda que de forma muito geral, segundo Larenz[149]), a proteção à boa-fé é um dos postulados que se insere entre os princípios gerais do Direito e, de modo muito particular, na principiologia do Direito das Obrigações.

Intimamente ligado está não só à interpretação do contrato - pois segundo a definição doutrinária, o sentido literal da linguagem não poderá prevalecer sobre a intenção inferida da declaração de vontades das partes - mas, também, ao interesse social de segurança das relações jurídicas, uma vez que as partes deverão agir com lealdade e confiança recíprocas, isto é, proceder de boa-fé.

Os autores que a erigem em princípio geral entendem que a boa-fé não deve ser considerada, apenas, como princípio informador das leis, senão, também, como princípio criador que faz dos fatos surgirem direitos.

Sendo assim, referida conduta é exigida na formação dos contratos e protegida na aquisição de um direito; exerce função de adaptação na formação ou execução dos atos jurídicos, e função criadora em matéria de posse; fixa as condições da responsabilidade e obsta ou restringe os efeitos das nulidades.

Destarte, mesmo que se circunscreva à análise do princípio, no âmbito da interpretação e execução dos

---

[149] LARENZ, Karl. *Op. Cit.*, T. I, p. 143.

contratos, percebe-se que a boa-fé se traduz em três relevantes normas. Devem as partes proceder de boa-fé quando:
- expressam o sentido das estipulações celebradas;
- tratam de explicitar os deveres correspondentes ao credor e ao devedor, mesmo que não previstos em lei;
- estipulam o limite dos direitos que cabem ao credor exercer contra o devedor.

Cada um desses comandos corresponde a uma diversa finalidade, ou função, atribuídas aos atos daqueles que se propõem a constituir relações obrigacionais.

Importante, nesse contexto, é a constatação da existência de relação entre a hermenêutica integradora e o princípio da boa-fé. Tal interdependência, nas palavras de Clóvis do Couto e Silva,[150] manifesta-se mais intensamente nos sistemas que não consagram o citado princípio, quer como dispositivo de ordem geral, dentro do direito civil, quer como norma geral, dentro do campo mais restrito do direito das obrigações.

No sistema pátrio, prosperou o princípio com alcance geral, todavia, a doutrina que tratou da matéria não vializou a boa-fé como elemento criador de novos deveres dentro da relação obrigacional.

Assevera o ilustre civilista:

"A boa-fé foi, sobretudo, examinada no direito das coisas, onde se constituiu num dos temas centrais de polêmica, desde o advento do Código Civil.

Todavia, igual atenção não foi dispensada à aplicação do princípio ao direito das obrigações, a qual se operou, em grande parte de forma não conscientizada, sob o manto da interpretação integradora ou da 'construção' jurisprudencial".

Apesar de não constar no nosso Código Civil dispositivo semelhante ao parágrafo 242 do BGB, podemos

---

[150] SILVA, Clóvis V. do Couto e. *A obrigação como processo*. José Bushatsky Editor, 1976, p. 32.

concluir que o princípio da boa-fé, com alcance geral, vigora no Brasil com intuito de flexibilização do sistema buscando as soluções mais acordes ao direito justo em matéria de contratos. No âmbito do Direito Obrigacional, é fonte de criação de especiais deveres de conduta exigíveis em cada passo, de acordo com a natureza da relação jurídica e com a finalidade perseguida pelas partes.

Por fim, cabe assinalar que os princípios informativos das obrigações contratuais ligam-se pela lógica, pois tanto o da autonomia privada, quanto os demais, inclusive o da boa-fé, dizem respeito ao nascimento, às fontes e ao desenvolvimento do vínculo obrigacional, delimitando o mundo, a dimensão na qual os aludidos deveres surgem, se processam e se adimplem.

Conclusão

Em todas as fases da existência, o conceito de obrigação é fundamentalmente o mesmo, porque é sempre a submissão a uma regra de conduta, cuja autoridade é reconhecida ou forçosamente imposta, quer seja ela traçada pelo senso moral, quer pelo direito ou por outro qualquer conjunto de normas reguladoras da atividade humana.

Não basta, por conseqüência, dizer que obrigação é necessariamente moral de agir; é preciso acrescentar-lhe a especificação de determinado modo.

A principal idéia formulada em relação ao contrato é que este constitui expressão de liberdade individual. Todavia, esses atos de disponibilidade sofrem limitações provenientes da supremacia da ordem pública.

As regras dos bons costumes tornam ineficazes os contratos contrários à moral, ou de causa ilícita. As normas de ordem pública, por sua vez, recusam validade plena aos contratos em que o consentimento das partes se apresenta viciado, ou se indisponha às regras de natureza cogente.

Mas essas limitações gerais à liberdade de contratar, insertas nos códigos como exceções ao princípio da autonomia da vontade, jamais puderam ser definidas com rigorosa precisão. A dificuldade, senão a impossibilidade, de conceituá-las permite sua ampliação ou restrição conforme o pensamento dominante em cada época e em cada país, formado por idéias morais, políticas, filosóficas e religiosas. Condicionam-se, em síntese, à organização política e à infra-estrutura ideológica.

Assim, a liberdade contratual de que gozam os particulares - fruto do primeiro dos princípios norteadores das obrigações - deve girar dentro do alcance e do sentido das normas legais.

Temos, então, que o contrato legal e validamente efetuado constitui fonte geradora de obrigação, sendo que a lei representa as normas complementares, desempenhando o papel de supridora das eventuais falhas desse acordo.

Entretanto, o que acontece é que o uso crescente de normas jurídicas cogentes vem reduzindo o campo de exercício desse auto-regramento.

O incremento de ditas normas, restringindo as de incidência dispositiva e as livremente elaboradas pelas partes contratantes (nos limites deixados à autonomia da vontade negocial), decorre do prevalecimento das valorações que subjazem nos conceitos de ordem pública e de interesse social.

Tornou-se evidente que é necessário criar um sistema de defesas e garantias para impedir que os fracos sejam espoliados pelos fortes, assim como, para assegurar o predomínio dos interesses sociais sobre os indivíduos.

Os pontos de vista estrutural e funcional não se excluem, mas combinam-se para mostrar como a forma jurídica cede passagem a processos sociais, que são absorvidos pela dinâmica do ordenamento jurídico.

É precisamente com esse entendimento que a autonomia privada pode e deve direcionar-se. A idéia de equilíbrio que se realiza na dimensão comutativa - entre particulares, iguais em seus direitos - e na distributiva - entre esses particulares e o Estado - aparece com nova dimensão: a justiça social que, por sua vez, se insere em uma outra categoria, a justiça geral. Esta diz respeito aos deveres das pessoas em relação à sociedade, superando-se o individualismo jurídico em favor dos interesses comunitários e corrigindo-se os excessos da autonomia da vontade dos primórdios do liberalismo e do capitalismo.

Ora, na medida em que, no Estado social, o caráter da norma jurídica contratual tende a ser cogente, a tipicidade aberta perde sua predominância e ocupa espaços cada vez mais restritos.

A intervenção do Estado justifica-se diante do desnível das forças contratuais, a pretexto de equilibrá-las. Passa a viger, também, a idéia de que o homem não é o centro para o qual deve canalizar todo o direito, razão pela qual o Estado deve tracejar-lhe limitações.

Nessa linha de desenvolvimento é que se pode dizer que o contrato deixa de ser apenas instrumento de exercício de direitos para ser, também, instrumento de política econômica. É, ainda, com insistência nesse vector funcional que se assinala o dirigismo contratual que tem no Estado seu principal protagonista.

O que se pretende, enfim, é a realização da justiça social, sem prejuízo da liberdade da pessoa humana. E é precisamente o contrato, instrumento da autonomia privada, o campo de maior aceitação dessa teoria intervencionista. Adotando essa nova linha de orientação, o Projeto do Código Civil brasileiro já dispõe, no art. 421, que *"a liberdade de contratar será exercida em razão e nos limites da função social do contrato"*, conforme referido quando da fixação dos princípios básicos (p. 100).

Justificando-se da censura de tais restrições que implicam o reconhecimento do fracasso da doutrina autonomista, alguns de seus propagadores argumentam, numa tentativa de conciliação com os intervencionistas radicais, que as leis de intervenção do Estado constituem sempre um direito de exceção, supletivo do direito comum e, portanto, um direito de vida transitória.

O intervencionismo, de nenhum modo, fez involuir o contrato, apenas atinge o excessivo poder da vontade, ao reduzir a área da liberdade contratual, dosando-a judiciosamente, já que esse poder da vontade se mede pela maior ou menor amplitude da respectiva liberdade contratual.

Dessas ponderações resulta que a funcionalização de um princípio, norma, instituto ou direito implica - em sua positivação normativa - o reconhecimento de limites que o ordenamento jurídico, ou algum de seus princípios vinculantes, estabelece para o exercício das faculdades subjetivas (em face de situações concretas) que possa caracterizar abuso de direito.

Portanto, o fenômeno jurídico contratual não se deve estudar segmentadamente, como norma, como relação ou como instituição - aspectos que lhe são fundamentais. Deve apreciar-se esse direito através de uma visão global e compreensiva da totalidade que se forma com normas, relações humanas, instituições, integradas em um conjunto coerente e dinâmico, que se processa sob a égide de valores e princípios fundamentais.

O sistema jurídico, embora apresentando características de unidade, plenitude e coerência, não pode ser considerado como produto de puras conexões lógicas, estático e fechado. Deve ser concebido como uma totalidade social e dinâmica, suficientemente aberta para acolher os problemas que se renovam, sem prejuízo da sua ordenação sistemática. Sua finalidade reside, como o direito em si, em resolver os conflitos de interesse, intenção deduzida da apreciação equilibrada de ditos interesses ou conveniências, segundo suas várias circunstâncias.

Depreende-se que o domínio onde imperava a autonomia jurídica individual, muito amplo a princípio, torna-se aos poucos delimitado, apesar de só refletir flutuações históricas. É a autonomia da vontade individual e o princípio da responsabilidade subjetiva que constituem a armadura do Direito Privado, princípios estes organizados por um lento progresso geminado ao da civilização. Em face do que há motivos para serem mantidos, tanto quanto dure a civilização.

O homem não pode construir ciência só teoricamente; é preciso que praticize suas idéias, contudo, dada sua natureza de ser relativo, não tem o condão de descobrir as grandes essências do absoluto. Empiricamente, vai palmilhando pelas veredas da vida, captando na própria matéria da existência, os caminhos do pensamento, da imaterialidade.

E é, nessa condição de ente relativo, que o homem trabalha com a ciência jurídica para perceber, sempre através de uma atividade organizada, a permanente reformulação sistemática do Direito, objetivando a normatização mais apurada da inter-relação com outros indivíduos. Afinal, *"jus est homini et ad hominem"*.

Bibliografia

ANDRADE, Manuel A. Domingues de. *Teoria geral das obrigações*. 3. ed. Coimbra: Livraria Almedina, 1966.

——. *Teoria geral da relação jurídica*. v. II. Coimbra: Livraria Almedina, 1979.

AZEVEDO, Antônio Junqueira de. *Negócio jurídico: existência, validade e eficácia*. São Paulo: Saraiva, 1974.

BARBERO, Domenico. *Sistema del derecho privado: obligaciones*. v. I e III. Buenos Aires: Juridicas Europa-América, 1967.

——. *Sistema instituzionale dei diritto italiano*. v. 1. 5. ed. Torino: UTET, 1958.

BARKER, Sir Ernest. *Teoria política grega*. 2. ed. Brasília: Universidade de Brasília, 1978.

BETTI, Emílio. *Teoria geral do negócio jurídico*. T. I. Coimbra: Coimbra Editora, 1970.

——. *Teoria general delle obligazioni*. v. II e III. Milano: Dott. A. Giuffré-Editore, 1953.

BEVILAQUA, Clóvis. *Código civil dos Estados Unidos do Brasil: comentado*. v. I e IV. Rio de Janeiro: Livraria Francisco Alves, 192 1.

——. *Direito das obrigações*. 2. ed. Bahia: Livraria Magalhães, 1910.

——. *Teoria geral do direito civil*. 3. ed. Rio de Janeiro: Livraria Francisco Alves, 1946.

Biblia Sacra: vulgatam clementinam. Nova Editio. Madrid: Biblioteca de Autores Cristinianos, 1946.

Bíblia Sagrada. Traduzida pelo Pe. Matos Soares. 23. ed. São Paulo: Paulinas, 1967.

BIONDI, Biondo. *Instituzioni di diritto romano*. 3. ed. Milano: Dott. A. Giuffré-Editore, 1956.

BITTAR, Carlos Alberto. *Direito dos contratos e dos atos unilaterais*. Rio de Janeiro: Forense, 1990.

BOBBIO, Norberto. *Teoria do ordenamento jurídico*. Tradução por Cláudio Cicco e Maria Celeste C.J. Santos. Brasília: Poli-Universidade de Brasília, 1989.

BONFANTE, Pedro. *Instituciones de derecho romano*. Madrid: Instituto Editorial Reus, 1979.

BRUGI, Biagio. *Instituciones de derecho civil*. Tradução por Jaime Simo Bofarull. 4. ed. México: Unión Tipografica Editorial Hispano Americana, 1946.

CÂMARA, Armando. Reflexão sobre a definição do valor. *Revista Estudos Jurídicos*, v. 2, n. 4. São Leopoldo, 1972.

CARNELUTTI, Francesco. *Diritto e processo nelia teoria delle obbligazioni*. Padova: CEDAM, 1938.

——. *Studi diritto processualie*. v. 2. Padova: CEDAM, 1928.

CICHOCKI NETO, José. Princípios informativos da interpretação progressiva das leis. *Revista de Direito Civil*. São Paulo, Revista dos Tribunais, 1990.

COÊLHO, Sacha Calmon Navarro. Normas jurídicas. *Revista de Direito Público*. n. 78, abr./jun. 1986. (Repositório de Jurisprudência autorizado p/ STF sob n. 005/85).

CORDEIRO, Antônio Manuel de Rocha e Menezes. *A boa-fé no direito civil*. v. I e II. Coimbra: Almedina, 1984.

COUTURE, Eduardo J. *Vocabulario jurídico*. Buenos Aires: Ediciones Depalma, 1976.

COVIELLO, Nícolas. *Doctrina general del derecho civil*. Tradução por Felipe de J. Terra. México: Unión Tipografica Editorial Hispano-Americana, 1938.

CRETELLA JÚNIOR, José; CINTRA, Geraldo de Ulhôa. *Dicionário latino-português*. 3 ed. São Paulo: Companhia Editora Nacional, 1953.

DABIN, Jean. *El derecho subjetivo*. Traducida por Francisco Javier Osset. Madrid: Editorial Revista de Derecho Privado, 1955.

DANTAS, San Tiago. *Programa de direito civil ll:* os contratos. Rio de Janeiro: Rio Sociedade Cultural Ltda., 1978.

DEL VECCHIO, Giorgio. *Lições de filosofia do direito*. 2 ed. Coimbra: A. Amado, 1951.

DEMOGUE, Renê. *Traite dês obligations en general*. v. I, n. 2. Paris: A. Rousseau, 1923,

DIEZ-PICAZO, Luis. *Fundamentos del derecho civil patrimonial: teoria del contrato. Las relaciones obligatorias*. v. II. Madrid: Editorial Tecnos, 1972.

DINIZ, Maria Helena. Conceito de norma jurídica como problema de essência. *Revista dos Tribunais*, São Paulo, 1979.

ENGISCH, Karl. *Introdução ao pensamento jurídico*. Tradução por João Batista Machado, 2. ed. Lisboa: Fundação Calouste Gulbenkian, 1968.

ENNECCERUS, Ludwig, KIPP, Theodor e WOLFF, Martin. *Tratado de derecho civil.* v. 1. T. I, Barcelona: Bosch, 1950.

ESPÍNOLA, Eduardo. *Sistema de direito civil brasileiro: teoria geral das relações jurídicas de obrigação.* v. 2, T. I. Rio de Janeiro: Livraria Francisco Alves, 1912.

———. *Tratado de direito civil brasileiro.* v. X. São Paulo: Livraria Freitas Bastos, 1941.

ESPÍNOLA, Eduardo e ESPÍNOLA FILHO, Eduardo. *Lei de introdução ao código civil brasileiro: comentada.* v. I (arts. 1 a 7). São Paulo: Freitas Bastos, 1943.

ESSER, Josef. *Principio y norma en la elaboracion jurisprudencial dei derecho privado.* Barcelona: Bosch, 1961.

FERRARA, Francesco. *Trattato di diritto civile italiano.* v. I. Athenaeum: 1921.

FERRI, Luigi. *La autonomia privada.* Tradución y nota de Derecho español por Luis Sancho Mendizábal. Madrid: Editorial Revista de Derecho Privado, 1969.

FIGUEIREDO, Cândido de. *Novo dicionário da língua portuguesa.* v. II. 6. ed. Lisboa: Livraria Bertand, 1925.

FRANÇA, R. Limongi. *Manual de direito civil.* v. 4, T. II. São Paulo: Revista dos Tribunais, 1976.

———. *Princípios gerais de direito.* 2. ed. São Paulo: Revista dos Tribunais, 1971.

FREITAS, Juarez. *Direito romano e direito civil brasileiro: um paralelo.* Porto Alegre: Livraria Editora Acadêmica Ltda., 1987.

GIORGI, Giorgio. *Teoria de las obligaciones en el derecho moderno. Fuente de Las Obligaciones. Contratos.* v. III. Madrid: Editorial Reus, 1939.

GOLDSCHMIDT, James. *Derecho procesual civil.* Tradução por Leonardo Pietro Castro, 2 ed. Barcelona: Editorial Labor, 1936.

GOMES, Orlando. *Contratos.* Rio de Janeiro: Forense, 1971.

———. *Obrigações.* 8. ed. Rio de Janeiro: Forense, 1986.

———. Transformações gerais do direito das obrigações. *Revista dos Tribunais,* São Paulo, 1980.

GONÇALVES, Luiz da Cunha. *Tratado de direito civil dos contratos em especial.* Lisboa: Ática, 1953.

GURGEL, J. do Amaral. *Contratos no CCB.* São Paulo: Saraiva, 1939.

HURTADO, Avelino León. *La voluntad y la capacidad en los actos jurídicos,* 2. ed. Santiago: Editorial Juridica de Chile, 1963.

IGLESIAS, Juan. *Derecho romano.* Barcelona: Editorial Ariel S.A., 1984.

JOSSERAND, Louis. *Derecho civil.* Revisado por André Brun. v. II, T. II. Buenos Aires: Ediciones Juridicas Europa-America, 1951.

KANT, Immanuel. *Introduccion a la teoria del derecho.* Madrid: Instituto de Estudios Politicos, 1954.

KELSEN, Hans. *Teoria pura do direito*. 5. ed. Coimbra: Armênio Amado-Editor, Sucessor, 1979.
LARENZ, Karl. *Base dei negocio y cumplimiento de los contratos*. Madrid: Editorial Revista de Derecho Privado, 1956.
——. *Derecho de obligaciones*. Madrid: Editorial Revista de Derecho Privado, 1959, T. I.
——. *O principio de la justicia contractual compensatoria*. Madrid: Editorial de Derecho Privado, 1957.
——. *Tratado de derecho civil alemán:* derecho civil (parte geral). Madrid: Editoriales de Derecho Reunidas, 1978.
LÔBO, Paulo Luiz Neto. *O Contrato:* exigências e concepções atuais. São Paulo: Saraiva, 1986.
LOPES, Miguel Maria de Serpa. *Curso de direito civil*. v. II, III e IV. 5.ed. São Paulo: Livraria Freitas Bastos, 1989.
MACEDO, Silvio de. *Enciclopédia Saraiva de direito*. São Paulo: Saraiva, 1977. v. 60.
MACHADO NETO, A. L. *Introdução à ciência do direito*. São Paulo: Saraiva, 1969.
MAYNEZ, E. Garcia. *Lógica dei concepto juridico*. México: Fondo de Cultura Econômica: Publicaciones Dianoia, 1959.
MELLO, Marcos Bernardes de. *Teoria do fato jurídico*. São Paulo: Saraiva, 1985.
MENDONÇA, Manuel Ignácio C. de. *Contratos no direito civil brasileiro*. v. I. 2 ed. Rio de Janeiro: Livraria Editora Freitas Bastos, 1938.
——. *Doutrina e prática das obrigações*. v. I. Curitiba: Tip. e Lith. Impressora Paranaense, 1908.
MONTEIRO, Washington de Barros. *Direito das obrigações (1ª parte)*. 22. ed. São Paulo: Saraiva, 1988.
MONTESQUIEU, Charles Louis de Secondat. *O Espírito das leis*. Trad. de Fernando Henrique Cardoso e Leôncio Martins Rodrigues. Brasília: Universidade de Brasília, 1982.
MONTORO, André Franco. *Introdução à ciência do direito*. São Paulo: Martins, 1968. v. 2.
MORENTE, Manuel García. *Fundamentos da filosofia. Lições preliminares*. v. I. São Paulo: Mestre Jou, 1967.
NAWIASKY, Hans. *Teoria general del derecho*. Madrid: Ediciones Rialp S.A., 1962.
NERY JÚNIOR, Nelson. *Vícios do ato jurídico e reserva mental*. São Paulo: Revista dos Tribunais, 1983.
NIÑO, José Antonio. *La interpretación de las leyes*. México: Editorial Porrua S.A., 1971.
NORONHA, Fernando. *O direito dos contratos e seus princípios fundamentais*. São Paulo: Saraiva, 1994.

ORGAZ, Alfredo. *Hechos y actos o negocios jurídicos.* Buenos Aires: Victor P. de Zavalia- Editor, 1963.

ORTIZ-URQUIDI, Raúl. *Derecho civil:* parte geral. México: Editorial Porrúa S.A., 1982.

ORTOLAN, J. *Explication historique dês instituts de l'empereur justinien.* 12 ed. Paris: Librairie Plon, 1883. v. III.

PAGE, Henri de. *Traité elémentaire de droit civil belge.* 2. ed. Bruxelles: E. Bruylant, 1948, T. II.

PANDECTAE JUSTINIANEAE. *Tomus Tertius. A libro XLI ad usque L. In Novum Ordinem Digestae. CUM LEGIBUS CODICIS ET NOVELLIS.* Quae jus Pandectarum confirmant, explicant, aut abrogant, Auctore Roberto-Josepho Pothier (autor da nova estrutura das PANDECTAE). Editio Quarta. Parissis, Apud Belin-Lepricur, Bibliopolam, 1821.

PEREIRA, Caio Mário da Silva. *Instituições de direito civil.* v. I, II e III. Rio de Janeiro: Forense, 1966.

PETIT, Eugene. *Tratado elemental de derecho romano.* Buenos Aires: Editorial Albatroz, 1974.

PLANIOL, Marcel. *Traité élémentaire de droit civil.* Tome Primier. Paris: Librairie Générale de Droit & de Jurisprudence, 1911.

PLANIOL, Marcel y RIPERT, Jorge. *Tratado practico de derecho civil francês.* Habana: Cultural, 1945.

POLACCO, Vittorio. *Le obbligazioni nel diritto civile italiano:* seconda edizione riveduta ed ampliata. v. I. Roma: Athenaeum, 1915.

PONTES DE MIRANDA, Francisco C. *Fontes e evolução do direito civil.* 2. ed. Rio de Janeiro: Forense, 1981.

——. *Sistema de ciência positiva do direito.* T. II, Rio de Janeiro: Borsoi, 1972.

——. *Tratado de direito privado.* T. I, 3. ed.; T. II, 3. ed.; T. III, 3. ed.; T. XXII, 3. ed.; T. XXIII, 3. ed.; T. XXXVIII, 2. ed., Rio de Janeiro: Borsoi, 1962.

POTHIER, Robert-Joseph. *Traité dês obligations.* P. J. Langlois Librairie, v. I, n. 1 e 2. Paris: A. Durand Librairie, 1844.

RADBRUCH, Gustav. *Propedeutica alia filosofia dei diritto.* Trad. de Dino Pasini e Carlos A. Agnesotti. Torino: Girppichelli Editore, 1959.

RÁO, Vicente. *Ato jurídico.* 2. ed. São Paulo: Saraiva, 1979.

REALE, Miguel. *Filosofia do direito.* 10. ed. São Paulo: Saraiva, 1983.

——. *Lições preliminares de direito.* São Paulo: José Bushastsky Ltda., 1974.

——. *O projeto de código civil:* situação atual e seus problemas fundamentais. São Paulo: Saraiva, 1986.

RIPERT, Georges. *A regra moral nas obrigações civis*. Tradução por Osório de Oliveira do original francês La Régle Morale Dans Les Obligations Civile, 3. ed. São Paulo: Livraria Acadêmica, 1937.

RODRIGUES, Sílvio. *Direito civil: parte geral das obrigações*. v. II. São Paulo: Saraiva, 1978.

RUGGIERO, Roberto. *Instituições de direito civil*. 6. ed. São Paulo: Saraiva, 1973.

SANTORO-PASSARELLI, F. *Teoria geral do direito civil*. Tradução por Manuel de Alarção. Coimbra: Atlantida Editora S.A.R.L., 1967.

SANTOS, J. M. Carvalho. *Código civil brasileiro interpretado*. v. XI e XV. 2. ed. Rio de Janeiro: Livraria e Editora Freitas Bastos, 1937.

SANTOS, Moacir Amaral. *Primeira linhas de direito processual civil: adaptado ao CPC*. 5. ed. v. 1. São Paulo: Saraiva, 1977.

SAVIGNY, Friedrich Karl Von. *Droit des obligations*. Tradução por Gerardin et Jozon. v. I. Paris: F. Didot, 1838.

——. *Sistema del derecho romano actual*. 2. ed. Madrid: Centro Editorial de Góngora, 1839, T. Primeiro.

——. *Traité de droit romain*. Tradução por Guenoux. Paris: F. Didot, 1841, T. I.

SCIASCIA, Gaetano. *Direito romano e direito civil brasileiro*. São Paulo: Saraiva S.A., 1947.

SILVA, Clóvis do Couto e. *A obrigação como processo*. Ed. José Bushatsky Editor, 1976.

SILVA, José Afonso da. *Princípios do processo de formação das leis no direito constitucional*. S. Paulo: Revista dos Tribunais, 1964.

SOIBELNUN, Leib. *Dicionário geral de direito*. v. 2. São Paulo: Bushatsky Editor, 1973.

SORIANO, Manuel Borja. *Teoria general de las obligaciones*. 7. ed. México: Editorial Porrúa, 1971.

STOLFI, Giuseppe. *Teoria del negocio jurídico*. Madrid: Editorial Revista de Derecho Privado, 1959.

THEODORO JÚNIOR, Humberto. *Contratos: princípios gerais*. Revista Jurídica, n. 175, maio/1992.

VAMPRÉ, Spencer. *Manual de direito civil brasileiro*. v. I. Rio de Janeiro: Brigniet, 920.

VAN ACKER, Leonardo. *Sobre um ensaio de jusnaturalismo fenomenológico-existencial*. Revista Brasileira de Filosofia, v. XX, fasc. 78, p. 193.

VARELA, João de Matos Antunes. *Das obrigações em geral*. v. 1. 2. ed. Coimbra: Livraria Almedina, 1973.

VILLEY, Michel. *Estudios en el torno a la noción de derecho subjetivo*. Chile: Ediciones Universita de Valparaiso, 1976.

VON JHERING, Rudolf. *A Finalidade do direito*. Tradução por José A. de Faria Corrêa. v. I. Rio de Janeiro: Forense, 1979.

VON TUHR, Andreas. *Derecho civil: teoria general del derecho civil aleman*. v. I, T. 1; v. II. Buenos Aires: Editorial De Palma, 1946.

WEILL, Alex. *Droit civil les obligations*. França: Dalloz, 1971.

WESTERMANN, Harm Peter. *Código civil alemão:* direito das obrigações. Parte Geral. Tradução por Armindo Edgar Laux. Porto Alegre: Sérgio Fabris Editor, 1983.

WIEACKER, Franz. *História do direito privado moderno*. Tradução por A. M. Botelho Hespanha. Lisboa: Fundação Calouste Gulbenkian, 1967.

WINDSCHEID, Bernhard. *Diritto delle pandette*. Tradução por Carlo Fadda e Paolo Emilio Bensa. 8. ed. Torini: UTET, 1902. v. I, T. I.

ZEA, Arturo Valencia. *Derecho civil de las obligaciones*, T. III. 3. ed. Bogota: Editorial Temis, 1968.